U0596397

陈正宏讲《史记》系列之二

陈正宏 著

血缘

《史记》的世家

中华书局

图书在版编目(CIP)数据

血缘:《史记》的世家/陈正宏著. —北京:中华书局,2021.4
ISBN 978-7-101-15143-5

Ⅰ.血… Ⅱ.陈… Ⅲ.①中国历史-古代史-纪传体②《史记》-研究 Ⅳ.K204.2

中国版本图书馆 CIP 数据核字(2021)第 059977 号

书　　名　血缘:《史记》的世家
著　　者　陈正宏
责任编辑　但　诚
出版发行　中华书局
　　　　　(北京市丰台区太平桥西里 38 号　100073)
　　　　　http://www.zhbc.com.cn
　　　　　E-mail:zhbc@zhbc.com.cn
印　　刷　北京瑞古冠中印刷厂
版　　次　2021 年 4 月北京第 1 版
　　　　　2021 年 4 月北京第 1 次印刷
规　　格　开本/880×1230 毫米　1/32
　　　　　印张9¼　插页 2　字数 160 千字
印　　数　1-10000 册
国际书号　ISBN 978-7-101-15143-5
定　　价　42.00 元

总 序

通读《史记》，让你的视野穿越两千年

　　这套分为四册总计十二卷的小书，是以我在喜马拉雅开设的一门名著导读音频课程为基础编写而成的，导读的名著，是各位都非常熟悉的《史记》。

　　《史记》，顾名思义，就是"历史的记录"。什么是历史？严格说来，刚刚过去的上一秒，就是历史。而从长时段看，历史最显著的特征，是"没有什么会永垂不朽"，更简单地说，就是一个字：变。历史中的变化，在已经远离历史现场的我们看来，真是多姿多彩；不过当我们把这种变化和现实相对照时，又时时会觉得，历史是惊人地相似。这种变化和相似共生的奇观，是如何产生的？根源就在于，推动任何特定区域历史演变的基本动力，其实是生活在这个区域中的人的普遍人性。人性不变，历史就难免有重演

的冲动。

《史记》则是一部在两千多年前，借着描述一个很长时段的历史演变过程，和其中的历史重演冲动，把人性的各个方面加以彻底揭示的一流的中国文史名著。

那么，通过一定方式的引导，通读《史记》这样的文史名著，对你而言，可能会有什么样的收获呢？

我想，首先，通过比较完整地阅读《史记》，你可以超越生命的极限，大幅度拓展个人的经验世界。人生不过百年，而通读像《史记》这样一部涉及上下数千年历史的名著，可以在个人有限的生命里，体验古人的生活环境和生涯百态，客观上既延展了你的生命长度，也拓展了你的人生视野。

其次，通过解析《史记》的大部分重要篇章，你可以培养自己具备一种更为通达的处世态度。凡事都从一定长度或深度的历史视角考虑，观察世界与剖析人生的时候，也会取一种理性并且不失人性的立场。不放大个人的得失，也不蔑视渺小的生灵。

再次，通过更细致地分析现在你读到的《史记》的篇章文字，你会由此及彼，意识到因为我们的汉语历史悠久，任何一个现存的历史文本，包括由某人的讲话转写成的文本，都不只有表面的单一层次的意思，其中甚至还可能叠加着其他人的笔墨。因此你会养成一种不轻信来历不明的文字、说辞，喜欢追根寻源的思维方式。

也许有的读者会说，读《史记》的好处，我是知道的。但讲《史记》的已经有不少了，你还有什么好讲的？"王侯将相，宁有种乎"，"燕雀安知鸿鹄之志"，我中学课本里都读过了。

但你可能不知道，我讲的《史记》，和你已经知道的，其实并不相同。

这不同，主要体现在三个方面。

第一，我讲的不是《史记》的名篇节选，而是涵盖全体的《史记》。也就是不光讲本纪、世家、列传，连表和书都会讲。为什么连表和书也要讲呢？因为表是《史记》的骨架，书则是中国最早的制度史，不讲这两体，你就看不清《史记》的整体脉络。同时，我不光讲《史记》本身的文本，也讲《史记》的著作编刊史，还会讲《史记》在中国和海外的影响。总之，通过这套书，你对《史记》的把握不是平面的、片面的，而是立体的、完整的。

第二，我讲的主要不是《史记》里记载的一般的历史故事，而是要讨论这些历史故事的文本，是司马迁自己写的，还是对其他更早文献的引用或者整理？如果是引用或者整理，它们的原貌可能是怎样的？我们的目标，是探寻被《史记》书写的历史，与实际可能存续过的历史之间，有怎样的联系和区别。

第三，我讲的除了《史记》的文本与史实，更多的还有《史记》流传两千多年以来，这部名著经过不同时代、不同区域和不同个性的人阅读后，被揭示出来的内在的隐秘的东西和外在的添加的东西。这套书将整合时空跨度都相当大的《史记》文献材料，各家对《史记》的感悟与不同的解读角度，你都能从中一览概貌。也就是说，你读到的，不只是司马迁的《史记》，还是两千年来中外读书人共同解读的《史记》。

也许有读者会说，两千多年前的《史记》，都是文言文，我没有什么文言文基础，读这套书会不会太难了？这里我要特别说明一下，为了便于大家阅读，书中涉及的《史记》原文，绝大部分都已经按照大意，转写成现代汉语了；实在非要引用文言文原文时，我都会加上比较浅显明白的现代汉语翻译。所以即使你手头没有一页《史记》原文，通过这套书，同样可以了解《史记》的基本意思。当然，如果你因为读了这套书，而开始借助工具书阅读文言文的《史记》原书，那就更好了。

我想，如果能够比较完整地读一下《史记》，你最终会发现，真的是"太阳底下没有什么新鲜事"。而你，在《史记》滋润的阳光中沐浴一过，再度回到有时不免灰暗的现实中，相信会变得更有预见性，更具智慧，也更有定力。

目录

本册自序

　　所谓"世家"，用今天的话说，就是世代做官尤其是做大官的人家。《史记》把"世家"作为一种文章类别的名称来用，意思自然是指"世家"这一体写的，是历史上各重要诸侯大姓的家族史。但作为一种变通，司马迁也为历史地位处于本纪和列传之间，但并非诸侯大姓的人物，留下了合适的空间，比如有面貌很特别的《孔子世家》和《陈涉世家》。大家都知道，《孔子世家》写的，主要是儒家祖师爷孔夫子的言行，不过因为后面附了简短的孔子后代世系，勉强还可以算世家；而《陈涉世家》描绘的，是秦汉之交农民暴动的领袖人物陈胜和他的死党揭竿而起的故事，陈胜就根本没有世系可记，司马迁还是放进了世家。

　　因为存在这样面貌特别而复杂的情况，《史记》的"世家"一体，很让后来的评论家困惑。对于《史记》体例不纯的批评，也由此而生。到了班固写《汉书》的时候，世家这一体因为存在难以归类的麻烦，所以就索性被取消了。之后的正史里面，因此也很难再见到家族史一类的分体了。

但《史记》的世家，却实在有一种不可取消的独特的意味在。

中国传统的观念，向来以家族、族属为重；而早期的诸侯大姓，又直接联结着大小不等的邦国和城池。正是靠着世家这一特殊的体裁，上下数千年间，血缘与地缘的复杂勾连，中华民族千回百转的融合之路，才能如此清晰地呈现在我们的眼前。

另一方面，任何一个改朝换代的历史巨变，都会淘汰一批旧世家，诞生一批新世家，中国式的政治生态中，各种不同的势力，如何借助家族的力量，角逐高层甚至最高权力，也唯有通过世家这样的文体，才能写得深入而透彻。

值得注意的是，在《史记》的《太史公自序》后半部分叙录这三十篇世家时，大约有三分之二的叙录，总结陈辞里都有一句话，是以"嘉"字开头的。比如"嘉伯之让，作《吴世家》第一"，"嘉句践夷蛮能修其德，灭强吴以尊周室，作《越王句践世家》第十一"，"嘉其能距吴楚，作《梁孝王世家》第二十八"，等等。而在《史记》的其他四体本纪、表、书和列传的各篇叙录里，却没有这样的写法。"嘉"用今天的话说，就是"赞赏"。司马迁为什么单单要在解说世家时，"赞赏"某些家族呢？

我想这涉及一个选择的问题。司马谈、司马迁父子都是非常重视家族血统的人，但以家族血缘为纽带的历史延续到西汉时期，族姓的繁多，让再厉害的史家也很为难，因为世家部分只要有取舍，就会涉及整个族群和姓氏。在中国这个人情大于天的社会里，太史公需要向当时人与后来人合理地解释，为什么单单只挑选了这几十家，而不是别的几十家，写进《史记》的世家一体里。在《太史公自序》里，司马迁把世家各篇的叙录，写得明显比其他四体各篇的叙录详细，还特地用了"嘉"字句，来表彰其中大部分世家的特异之处，而他所"嘉"的，几乎全是世家大姓中的有德者及其德行，目的应该只有一个，就是以历史学家的特有方式，向众人昭示，支撑人类社会生生不息、绵延不绝的，除了人的生物特性，还有基于共同文化基因的向善的情感与道德。

像 遷 馬 司

明人拟想的司马迁像

第四卷

说《世家》（上）

站远了看，他写的都是贵族

《吴太伯世家》:

有一种风骨，叫谦谦君子

《史记》的世家，共有三十篇。这里讲的，是位于第一篇的《吴太伯世家》。

《吴太伯世家》是从一个兄弟谦让的故事讲起的。

说是太伯和他的弟弟仲雍，都是周朝周太王的儿子，他们俩还有个弟弟叫季历。这季历是位社会贤达，还生了个儿子姬昌，从小就有圣人的模样。周太王喜欢孙子姬昌，就想把王位传给小儿子季历，这样再传位给姬昌，就名正言顺了。太伯和仲雍兄弟俩看出了老爹的心思，就毅然离开本乡，跑到了很远很远的东南荆蛮之地，还很酷地像南方蛮人那样纹了身，剪了头发，意思是我们绝不接班，这王位弟弟季历可以放心地继承。

就这样，季历果然继承了王位，成了王季；他儿子姬

吳太伯世家第一

史記卷三十一

吳太伯，太伯弟仲雍，皆周太王之子，而王季歷之兄也。季歷賢，而有聖子昌，太王欲立季歷以及昌，於是太伯、仲雍二人乃奔荊蠻，文身斷髮，示不可用，以避季歷。季歷果立，是為王季，而昌為文王。太伯之奔荊蠻，自號句吳。荊蠻義之，從而歸之千餘家，立為吳太伯。

太伯卒，無子，弟仲雍立，是為吳仲雍。仲雍卒，子季簡立。季簡卒，子叔達立。叔達卒，子周章立。是時周武王克殷，求太伯、仲雍之後，得周章。周章已君吳，因而封之。乃封周章弟虞仲於周之北故夏虛，是為虞仲，列為諸侯。

周章卒，子熊遂立，熊遂卒，子柯相立，柯相卒，子彊鳩夷立，彊鳩夷卒，子餘橋疑吾立，餘橋疑吾卒，子柯盧立，柯盧卒，子周繇立，周繇卒，子屈羽立，屈羽卒，子夷吾立，夷吾卒，子禽處立，禽處卒，子轉立，轉卒，子頗高立，頗高卒，子句卑立，是時晉獻公滅周北虞公，以開晉伐虢也。句卑卒，子去齊立。

影印宋百衲本《史记》里的《吴太伯世家》卷端（原书涵阳陶氏藏）

昌，也就是后来的周文王。他们的故事，大家看《周本纪》，里面都有。

再说太伯跑到荆蛮之地后，也没闲着，自己给自己定居的地方取了个雅号，叫"句吴"，当地的土著们都还很服他，据说有一千多家都归顺他，吴太伯的名号就此确立，也算是从此有一块自己的领地了。

按照《史记·吴太伯世家》的记载，从太伯"作吴"（建立吴国），过了五世，周武王打败了殷商，还没忘记把王位让给他参周文王的太伯和仲雍，就分封了太伯和仲雍的后代，分为两支：一支叫虞，分封在当时的"中国"，也就是今天的中原一带；一支叫吴，分封在蛮夷之地，一般认为就是今天的江苏一带，而当时的吴国国君，名叫周章。这样又过了十二世，晋国把在中国的虞国给灭了，虞国被灭后又过了两世的时间，蛮夷之地的吴国却崭露头角。这样算下来，从太伯开始，到春秋时著名的吴王寿梦，已经过了十九世。

在《吴太伯世家》里，这十九世吴王的名字，是都有的；但除了开国的吴太伯和继承吴太伯位置的仲雍，其他的王，几乎没有任何的事迹。因此20世纪以来，史学界曾经有不少人提出疑问，寿梦之前的吴王世系，是真实存在过的吗？甚至有人更进—步怀疑说，吴太伯真的能跑这么远，从今天陕西一带，迁居到今天的江南地区？

江苏丹徒出土的宜侯夨簋

宜侯夨簋铭文拓片

1954 年，在江苏省丹徒县龙泉乡一个叫烟墩山的地方，一位姓聂的农民兄弟的儿子，挖出了十二件青铜器，其中有一件，被他用锄头磕碎了，后来经过修复，发现其中有可以识读的一百多个字的重要铭文。根据这些铭文和器型，考古学界把它命名为"宜侯夨簋"。

六十多年来，关于这件宜侯夨簋，学界有很多的讨论甚至争论，目前为止，被比较多的学者接受的，是著名学者唐兰和李学勤两位先生分别发表在《考古学报》和《文物》杂志上的研究成果。唐兰先生认为这件宜侯夨簋，出在周康王之世，是姬姓虞侯改封为宜侯时的一件青铜器；他又根据夨与周章声母接近，推测宜侯夨就是我们上面说过的被周武王分封在吴的周章。[1] 而李学勤先生的论文，则在唐兰先生的研究基础上，进一步说明，太伯、仲雍时所称的吴，也就是虞，东周时为了区分南吴和北虞，才吴、虞相分。[2]

正因为有了宜侯夨簋这样重要的考古发现，和学界持续不断的研究，《史记·吴太伯世家》所记吴王寿梦之前的历史，才重新受到学界的重视。

那么，《吴太伯世家》所记吴王寿梦之后的吴国历史，真实程度怎么样呢？

从现存文本看，这部分的真实程度比较高，因为它们主要是以《春秋左氏传》《国语》等文献为基础撰写的，其中引用《左传》的地方尤其多。通过《左传》等文献，《吴太伯世家》把寿梦开始，经诸樊、余祭、余眜、王僚、阖庐五代，最后传到著名的吴王夫差，被越王句践所灭的历史，清晰地呈现了出来。

不过，从《吴太伯世家》叙述文字的详略看，太史公更感兴趣的，有时似乎并不是那些吴王的事迹，而是跟吴国先祖太伯有类似谦让经历的贤达的故事。比如季札。

季札的故事，有一半几乎就是吴太伯、仲雍谦让弟弟故事的逆向翻版。

说是吴王寿梦有四个儿子，他最喜欢的是老四季札，就想把王位直接传给他。但季札不干，老爸寿梦只好让大儿子诸樊当个临时大总统。这大哥诸樊人品不错，等到老爸去世，又过了守孝的期限，就要让位给小弟弟季札。季札还是不干，结果这大哥干了十三年，死了，死之前，把王位传给二弟余祭，想用这个办法，顺次传下去，一定要传到季札为止，这样一方面是了了老爸寿梦的遗愿，另一方面也彰显了小弟季札的高风亮节。余祭干了十七年，死了，再传位给三弟余眜；余眜干了四年，也死了，这回总算可以传位给季札了吧，没想到季札还是不肯干，跑了。结果吴人只好集体协商，把刚刚去世的王余眜的儿子王僚推上了领导岗位。

虽然司马迁从个人的价值观出发，对起于吴太伯、终于吴季札的谦让之举做了高度的褒扬，但从商周到春秋时期中国南方地区相对原始的现实考虑，我们更相信这两个谦让故事外表下包裹的，其实是和商周时代中原地区（也就是当时所谓的"中国"）一样的趋向，也就是特定邦国的权力更替，开始从兄终弟及向传子传嫡的形态转变。只不过新的传子传嫡的形态，此时并没有确立，所以以前代帝王是以个人的偏好，而不是有血缘依据和顺次可循的规则，来选择继承人的，这不免令深具道德感的吴太伯和吴季札感到困惑。有意思的是，在周王朝，破坏了兄终弟及固有规则的新的传代方式，因吴太伯兄弟的出走，而获得成功；而在南方蛮夷之地，无论是兄终弟及，还是破坏兄终弟及固有规则的新的传代方式，却都因季札个人的坚持，而最终改变了方向。而他之所以在如此长的时间里（算下来有三十四年了）坚持不上位，却同时又担任国家外交官的角色，对于其他国家的事务一再发表看法，恐怕跟他看出吴国国内复杂的家族政治形态有关。

《吴太伯世家》接着讲的，是一个与吴太伯、吴季札温情故事完全相反的杀气腾腾的夺位故事，故事的主人公，是季札的大哥诸樊的儿子公子光。

对公子光而言，因为四叔季札谦让，吴王之位传到了三叔之子僚的手上，这令身为老吴王诸樊之子的他十分不满。因为按照他的理解，季札四叔不接受王位，那依据兄终弟及的规则，下一代应该轮到的是他公子光，因为他是长房长孙啊，怎么也轮不到三叔的儿子。正是这样的理解，为日后他派刺客专诸刺杀现任吴王僚，埋下了逻辑上合法的伏笔。

刺杀计划的正式实施，是在王僚十三年的四月丙子，地点是公子光家里一个带有"窟室"的地方。"窟室"也就是地下室，公子光在其中预先安排了全副武装的士兵。吴王僚好像有所察觉，所以虽然是应邀去喝酒的，却如临大敌，把警卫部队从王宫一直排到了公子光的家门口。连门户台阶旁边，"皆王僚之亲也"，这里突出一个"亲"字，说明王僚似乎已经预感事情不妙，所以最近处安排的，全是自己的亲信。而且这些侍卫亲信夹道护卫，手里拿的，竟都是"铍"，也就是双刃长柄刀。这哪里是去赴宴，简直就是来格斗的！

但是吴王僚还是被杀了。出面刺杀他的，就是公子光专门请来的职业杀手专诸。专诸所用的谋杀工具，是一把藏在煮熟的鱼的肚子里面的匕首。王僚出发前护卫计划十分周密，何以最后还是命归黄泉？说起来简直令人难以置信：只因他太贪吃了，而他的最爱吃的，就是鱼。这个细节《史记》里没有记载，但在后来的《吴越春秋》里有明确的记录：专诸从公子光那里得知王僚爱吃鱼的信息后，

像 子 季 陵 延

明人拟想的季札像

还特意跑到太湖，练了三个月的鱼类烹调方法呢。[3]

公子光终于以这样血腥的方式登上了吴王的宝座。他在历史中更著名的名字，是吴王阖庐（阖庐有时也写作阖闾）。他以及他儿子夫差的故事，几乎都是国际争斗，尤其是跟越国之间的争斗，这些本书后面讲《越王句践世家》时会再讲。

相比之下，我相信无论是司马迁还是今天的读者，一定都更喜欢《吴太伯世家》里记录的那则季札挂剑故事，因为这是一个有温度的故事。

说是季札当年出使，路过徐国的时候，碰到徐君，这徐君很喜欢季札佩的剑，但也只是心里想想，嘴上并没有说出来。季札一看就明白了，但是因为是路过徐国，还要去重要的邦交国出使，就没有把剑送给徐君，也没有说什么。等他回来再路过徐国的时候，徐君已经去世了。季札于是把自己佩着的宝剑解下来，挂在了徐君坟墓边的树上，然后才离开。他的随从很不理解，跟他说："徐君已经死了，您这么挂着还给谁呢？"季札的回答是："话不可以这样说的。我当初心里就已经许给他了，怎么可以因为他去世了，就违背我的本心不给了呢？"

司马迁在《吴太伯世家》的最后，以并不常见的热情的语气，称赞季札，说："何其闳览博物君子也。"所谓"闳览博物"，自然是指季札出使鲁国请观周乐时表现出来的雅致的修养和广博的知识；而称其为"君子"，涵义应该更为宽泛，其中既有道家的不争与谦让，也有儒家的信义和仁心。他是把这样的谦谦君子之风，当作一切世家大族应有的门风来赞美的。然而历史的诡异之处在于，从吴国的权力更迭史看，也正是这样的君子之风，不期然开启了这一南方小国后期历史上高层之间的血腥争斗，并逐步演化为国家领导者把跟人争斗当作国策，投身国际战争，最终导致国家的覆灭。

《齐太公世家》和《鲁周公世家》:

大户人家出山东

上一节我们讲了《史记》世家的第一篇《吴太伯世家》。这一节要讲《史记》世家的第二和第三篇,《齐太公世家》和《鲁周公世家》。

为什么要把《齐太公世家》和《鲁周公世家》两篇放在一起讲呢?表面的显而易见的理由,是这两篇写的,都是今天的山东地区的早期历史,而且"齐鲁"二字,在今天的很多场合,已经成为密不可分的一个专有名词了。但从文献的角度看,之所以有必要把《齐太公世家》和《鲁周公世家》放在一起讲,更重要的理由有三个,一个是这两篇世家的前半部分,都涉及西周早期的政治史,互相印证,共同成为《周本纪》的重要补充;其次是这两篇世家记叙的齐鲁两个地缘相邻的世系大姓之国,虽然自始至终

齊太公世家第二　史記三十二

太公望呂尚者東海上人呂氏傳秋曰東海之上其先祖嘗為四嶽佐禹平水土甚
有功虞夏之際封於呂徐廣曰呂在南陽宛縣西
或封於申姓姜氏夏商之時申呂
或封枝庶子孫或為庶人尚其後苗裔也本姓姜氏從其封姓故曰
呂尚呂尚蓋嘗窮困年老矣以漁釣奸周西伯西伯將出獵卜之曰
所獲非龍非彲徐廣曰一作螭非虎非羆所獲霸王之輔於是周西伯獵果遇
太公於渭之陽與語大說曰自吾先君太公曰當有聖人適周周以興
子真是邪吾太公望子久矣故號之曰太公望載與俱歸立為師或曰
太公博聞嘗事紂紂無道去之游說諸侯無所遇而卒西歸周西伯
或曰呂尚處士隱海濱周西伯拘羑里散宜生閎夭素知而招呂尚
呂尚亦曰吾聞西伯賢又善養老盍往焉三人者為西伯求美女奇
物獻之於紂以贖西伯西伯得以出反國言呂尚所以事周雖異然
要之為文武師周西伯昌之脫羑里歸與呂尚陰謀修德以傾商政
其事多兵權與奇計故後世之言兵及周之陰權皆宗太公為本謀

影印宋百衲本《史記》里的《齊太公世家》卷端（原書涇陽陶氏舊藏）

都没有被对方吞并，却有很多场合纠缠在一起，难解难分；最后一个，是这两篇世家前半部分以外的其他部分的内容，多出于同一个古文献来源，就是《春秋左氏传》。

翻开《齐太公世家》，打头的第一位名人，就是姜太公。姜太公我想即使您没读过《史记》也一定知道，就是明代小说《封神演义》里大名鼎鼎的姜子牙。不过，在《史记》的《齐太公世家》里，这姜子牙的来路，其实已经不太清楚了。

《齐太公世家》里从头到尾都没有出现"姜子牙"这一称呼，只是说，齐太公姓吕名尚，祖先曾经做过四岳，参加过大禹治水的项目，还蛮有成绩的。到了唐虞时候和夏朝，后代就被封在吕和申这两个地方。他们本来姓姜，姜太公的姜就是这么来的。后来到夏朝和商朝之际，后代枝繁叶茂，而吕尚算是姜家的正宗后裔，不过因为受封在吕这个地方，姓氏也依从了封地的名号了。

接下来，太史公讲的，就是著名的姜太公钓鱼故事了。不过司马迁显然对这个故事的真实与否难以把握，所以他采用了《史记》撰写时常用的方式，并列了三种不同的说法。

第一个版本，是钓鱼偶遇西伯版。说是吕尚曾经有一阵经济上很困难，年纪又大了，就想了个用钓鱼来跟周朝西伯拉上关系的金点子。结果那边是西伯到渭水的南边考察工作，顺便休息休息，打个猎，这边吕尚估计是打听好

像 公 太

明人拟想的姜太公像

了领导走访基层的路线，反正不管怎么样，双方"偶遇"了。和领导聊了会天，领导觉得这位老先生很不错啊，就实话实说："我老爸太公说过，会有一位圣人来到咱们周国，周因此会大兴。您应该就是那位圣人吧？我们家老太爷盼望您很久了！"于是就给了吕尚一个雅号，叫"太公望"，还亲切地拉吕尚坐上了他的专车，一起回家，并很快就拜吕尚为师。

第二个版本，是离开纣王归顺西伯版。这一版说是姜太公知道很多古今轶事，还曾经做过商纣王的臣下。但因为看出商纣王做事太野，不守规矩，就离开了。反身进了游说家的行列，在诸侯间游说，但毫无收获，最后还是归顺了西伯。

第三个版本，是智救西伯版。说是姜太公原本是个隐居于海滨的隐士，西伯因为受到坏人的诬告而被关进羑里时，下面的散宜生、闳夭等设法相救，就把老朋友姜太公也召唤了进来，组成了个三人营救小组，花了点钱，还用了美人计，终于把西伯给顺利地解救了出来。

《史记·齐太公世家》所记的上述三个版本，具体来自什么文献，今天我们已经无法考证了。需要指出的是，因为《史记》的记录是如此地不确定，加上后来有《封神榜》那样的小说推波助澜，所以一直到现代，姜太公是不是真实的历史人物，学界中还是不无疑虑的。

2010 年，在山东省高青县陈庄遗址的考古勘探和发掘

17

中，出土了一批西周早期的青铜器，其中一件器物上，有"丰启作厥祖甲齐公宝尊彝"十一个字的铭文，虽然学界对此铭文尚未达成完全统一的解释，但有一点已经形成基本的共识，就是这段铭文中出现的"齐公"，应该就是齐的开国之君姜太公吕尚；而且其中的"甲"字，应该是姜太公死后的日名[1]——关于日名，我们在讲《殷本纪》时已经解释过了，那是一种以干日（也就是甲乙丙丁）为名、用于祭祀的名字，起于夏朝，通行于商朝，是君王死了之后，通过一定的占卜程序，根据一定的规则挑选出来的。

所以姜太公实有其人，就是《史记·齐太公世家》记载的吕尚，是无可置疑的。

有意思的是，《齐太公世家》记录吕尚遇西伯而发迹故事之后，所写的一句话，在后代引起了巨大的争议。这句话就是："周西伯昌之脱羑里归，与吕尚阴谋修德以倾商政。"意思是周国的西伯姬昌，从羑里监狱回来以后，就跟吕尚"阴谋修德"，准备颠覆商朝政府。这句话的全部问题，自然就出在我们还没有翻译成现代汉语的那四个字，"阴谋修德"。

因为一听到"阴谋"二字，就容易往篡党夺权之类的恶行方面靠，所以有人认为《史记》里用"阴谋修德"这样扎眼的词，来描写后代君主典范的周文王，是一种亵渎；也有人认为，既然有阴谋，怎么还可能修炼道德呢？这显然是矛盾的写法。[2]

但是，如果我们心平气和地阅读古文献，就会发现，"阴谋"一词，在这里并无贬义，只是表示私下商量的意思，事实上在商纣王统治的特殊时期，如果采用"阳谋"也就是公开表示对暴政的不满，后果可想而知。而即使是那样私下的商量，首先考虑的还是"修德"，就是要通过修炼个人的德行来凝聚人心，战胜残暴的商纣王，正说明无论是西伯还是吕尚，在"倾商政"这件事上，心地是无比纯正的。倒是后代的那些固守狭隘的儒家君臣伦理的文人，把事情给想歪了。

《鲁周公世家》的前半部分，跟《齐太公世家》记叙的时间基本是重合的。这是因为周王朝把鲁地分封给周公旦，是跟把齐分封给吕尚同时的。

周公旦的名字，在《周本纪》里已经出现过了，那是周文王的儿子，周武王的弟弟，周成王的叔叔。

但在《鲁周公世家》里，记了不少不见于《周本纪》或《周本纪》记录不详的史事。其中最引人注目的，是周公奔楚。

说是周武王去世后，周公旦看侄儿周成王年纪太小，就留在京师代成王管理王朝事务。有一回小成王生病了，周公就剪了自己的指甲，把它们沉入黄河里，并向河神祷告说："咱们成王年纪小，还没有什么见识。打扰神灵诸位

周公旦者周武王弟也〔譙周曰以地為其采邑故謂周公〕自文王在時且為子孝篤仁
異於羣子及武王即位且常輔翼武王用事居多武王九年東伐至
盟津周公輔行十一年伐紂至牧野周公佐武王作牧誓言破殷入商宮
已殺紂周公把大鉞召公把小鉞以夾武王釁社告紂之罪于天及殷
民釋箕子之囚封紂子武庚祿父使管叔蔡叔傅之以續殷祀徧封功
臣同姓戚者封周公旦於少昊之虛曲阜是為魯公周公不就封留
佐武王武王克殷二年天下未集武王有疾不豫羣臣懼太公召公
乃繆卜〔徐廣曰古書穆字多作繆〕周公曰未可以戚我先王〔孔安國曰戚近也未可以感動我先王也〕
周公於是乃自以為質設三壇周公北面立戴璧秉圭告于大王王季文王〔孔安國曰為三壇同墠築三壇為三王位也〕
史策祝〔孔安國曰史為策書祝辭也鄭玄曰以簡策為文也〕曰惟爾元孫王發勤勞阻疾若爾三王是有負子之
責於天以旦代王發之身〔孔安國曰負謂所保也若爾三王是有天所責取之意〕旦巧能多材多藝能事鬼神〔鄭玄曰以死者為鬼神〕乃王發不如旦多材多藝不

影印宋百衲本《史記》里的《魯周公世家》卷端（原書浭陽陶氏藏）

像 公 周

明人拟想的周公像

的是姬旦我啊。"然后就把这祷告的策文藏在了王府档案馆里，成王因此病也好了。后来成王长大了，周公总算可以松口气了，却有人在成王跟前诬告，说周公当年曾经对您做了啥啥啥的，结果周公百口莫辩，只好出逃。逃到哪里去呢？南方的蛮荒之地——楚。

这个周公奔楚的故事，不见于其他先秦经典，但在《史记》里出现了两次：一次是《鲁周公世家》里，还有一次是在后面的《蒙恬列传》里。尽管宋代以来就有人怀疑其事的真实性，甚至认为这是秦汉时候人编造的故事[3]，但更多的学者认为实有其事。

不过细心的读者会问，周公都分封到鲁了，他和成王闹不愉快，为什么不向东跑到自己的封地去，而要往南跑到蛮荒之地去呢？

这里面有一个用何种跑的方式，表示自己绝无二心的问题。跑到东边自己的封地去，以周公旦的影响，有被误认为另立中央的危险；而往南跑到楚地去，就像吴太伯兄弟奔荆蛮，表示的是我决没有觊觎王位的意思。此外，按照著名历史学家徐中舒先生的意见，周公旦奔楚，可能还有更现实的目的，就是联合南方势力，为驱除威胁周王朝的东方势力作准备。[4]

周公奔楚故事的结局，还算是光明的：成王去档案馆查到了周公当年入藏的策文，泪流满面，赶紧请回了奔楚的周公，误会就此消除。

当然，这个故事，跟《史记·鲁周公世家》稍前记载的周武王生病时，周公旦把自己当人质，告诉祖宗，愿意代替武王侍奉鬼神的故事，在结构上是颇为相似的。通过比对我们可以知道，那个故事也不是司马迁的发明，而是他引录了儒家经典《尚书》里的一个篇章《金縢》。不过《尚书》里的那些疑难字词，大都被他改成汉代的通行语了。

与姜太公吕尚不同的是，周公旦终其一生都没有亲临封地鲁，而是把封国交给了儿子伯禽打理。

在《鲁周公世家》里，记录了齐鲁两个封国的实际主人见周公时的有趣对话。由这些对话，可见周王朝初封齐鲁时，周公旦后人和姜太公不同的治国理政方法。

鲁公伯禽是到了三年以后才去京都向既是他爸、又是上级主管领导的周公旦汇报鲁国的工作的。周公问："何迟也？"意思是你这工作怎么推进得这么慢啊。伯禽回答说："变其俗，革其礼，丧三年然后除之，故迟。"意思是我改变了当地的习俗，革新了他们的礼仪制度，丧葬制度方面按礼仪要等三年然后才能除丧服，所以才这么慢。

相比之下，太公封于齐，只过了五个月，就亲自到京城向周公汇报工作了。周公问："何疾也？"意思是你怎么干得这么快。太公的回答是："吾简其君臣礼，从其俗为也。"意思是我简化那地方君臣之间的礼仪，顺应当地的民俗办事。

23

兄迪兹生民居惟乃世王

信能行此則生民保其居而王業可永也

金縢

武王有疾周公以王室未安殷民未根

本易揺故請命三王欲以身代武王之死

史録其冊祝之文并敘其事之始末合爲

一篇以其藏於金縢之匱編書者因以金

縢名篇今文古文皆有

既克商二年王有疾弗豫

記年見其克商之未久也

二公曰我其爲王穆卜

二公太公召公也

周公曰未可以戚我先王

戚憂惱之意

公乃自以爲功爲三壇同墠爲壇於南方北面周公

立焉植璧秉珪乃告太王王季文王

功事也築土曰壇

史乃冊祝曰惟爾元孫某遘厲虐疾若爾三王是有

御譯

丕子之責于天以[旦]代某之身

史太史也冊祝如今祝版之類

朝鲜时代芸阁印书体活字本《尚书》里的《金縢》

等到后来看到伯禽那么晚才赴京汇报，周公就叹息说，唉，鲁国将来是要朝北面侍奉齐国了。为什么呢？他解释说："夫政，不简不易，民不有近；平易近民，民必归之。"意思是国家的政策，如果不简单容易，老百姓是不会亲近的；只有平易近人，老百姓才一定会归顺。

而一般认为，齐、鲁两地后来民风不无差异，齐国有自由之风，乃至一度流行神仙道家之说，而鲁国崇尚礼仪，到汉代盛行儒家，重视教育，追溯上去，就是因为姜太公和伯禽两人最初的治国理念不同所导致的。

顺便可以一提的是，《史记·鲁周公世家》原文里的"平易近民"，就是今天大家熟悉的成语"平易近人"的原本模样。什么时候"平易近民"变成了"平易近人"？是在唐代。因为唐太宗李世民的名字里有个"民"字，所以当时所有带"民"这个字的用词，都要避讳，改作"人"，"平易近民"因此就变成了"平易近人"。

《齐太公世家》和《鲁周公世家》所记齐鲁两国不同的治国理政方法，无疑隐含着两国间的差异和竞争。在之后的历史中，两国还出现过公开化的争斗。其中最典型的例子，发生在齐桓公时期。

作为姜太公的后裔，春秋五霸之一齐桓公，名字是如雷贯耳。但其实他的本名还蛮萌的，叫小白。

《齐太公世家》所记小白的故事，根据的是《左传》。

说小白是在宫廷政变中被杀的齐襄公的小弟弟，在襄公还在世，但已经众叛亲离时，躲到了齐国的邻国莒国避难。而当时他的另一个哥哥公子纠，则跑到鲁国避难。等到杀齐襄公夺权上位的齐君无知也被人杀了以后，这活着的齐襄公的两个亲弟弟，就为了争夺新王的位置，而开启了短跑回家模式，当然是谁最快回到家，谁就是齐国的新一届领导人啦。

哥哥公子纠这边的后援，是他母亲的娘家鲁国。尽管都是大户人家出身，但碰到有可能做老大这样激动人心的事，手段是否合乎道德也就顾不上了。当时作为公子纠高参的春秋名流管仲，就受命使了个阴招，派兵挡在小白回国的必经之路上，等小白出现时，放了几乎致命的一箭——还好没射中人，只射中了小白的"带钩"。所谓带钩，是古人所穿宽衣大袍上，跟束缚衣服用的带子配合着用的那个大钩子；带钩的功能，类似于今天男士皮带上的金属头子，而一般都是青铜或者玉制品。小白真不是个白痴啊，知道对方虽然是亲哥哥，却是要自己性命的，就将计就计，装死。管仲上当了，就回复鲁国方面说，小白死了。这下鲁国欢送公子纠就不急了，过了六天，才慢吞吞地回到齐国。等进了国门才傻眼，弟弟小白已经在国内地下组织的接应下，成功地登基成为齐桓公了。

小白就这样智取了齐国最高领袖的位置。那边的鲁国自然不干了，两边就不免开打。结果是鲁国战败，并被齐国要求杀死公子纠。而齐桓公也就是小白尤其得意的，是趁机把死对头的高参管仲，用非正常的方式，作为国际化的高端人才引进到齐国。而后来齐国能称霸一时，反水的管仲，功不可没。

当然，齐、鲁两国后来走下坡路的情形，也十分相似。在齐国有田氏代齐。因为这之后的齐，已非姜太公之齐，所以《史记》另写了《田敬仲完世家》记其事。在鲁国，则相继出现了在下面一心闹腾鲁公的诸位大臣们，包括成语"庆父不死，鲁难未已"的臣子庆父，以及后来权力大于鲁公的季氏和"三桓"。自然，无论是齐国还是鲁国，一切因为"林子大了，什么鸟儿都有"而出的状况，在公卿之家都出现了，有些实在是太污秽了，尽管《齐太公世家》和《鲁周公世家》都写了，我都不好意思在这里讲。

在《齐太公世家》和《鲁周公世家》里，最能显出大户人家风范的，在我看来是《齐太公世家》里写的齐太史三兄弟。面对权臣篡位的崔杼，齐太史恪尽史官的职守，坚持写下"崔杼弑庄公"的历史记录，结果被崔杼杀害；接着哥哥继续承担史官之职的齐太史的弟弟，却无惧死亡，照书不误，又被崔杼杀害；而齐太史的小弟弟再继史官之位，前赴后继，仍然倔强地写下"崔杼弑庄公"，崔杼害怕了，只能放过他。中国传统的历史记录，尤其是相对早期的历史记录，能够保持一种既有连续性、又饱含真实性的特质，正是由于有这样一批世代恪守职业道德的高水准的史官。

司马迁在《齐太公世家》的最后，特意称赞齐国"洋洋哉，固大国之风也"，虽然从上下文看，主要是基于对姜太公和齐桓公的赞赏，但作为一代历史学家，你能说他的这种称颂中，会没有包含一点对于齐太史三兄弟的由衷赞叹？

《燕召公世家》:

从陕西出发，北漂们的故事扑朔迷离

上一节我们讲了《齐太公世家》和《鲁周公世家》，这一节我们要讲《燕召公世家》。

大家读《史记》的世家部分，会发现一个有意思的现象，就是除了开头的《吴太伯世家》，从《齐太公世家》开始，连着好几篇，写的都是由周朝建立之初，分封到各地公侯们起家的国家。而从武王伐纣成功后分封亲戚功臣的现实看，其中封地最远的，就是这里我们要讲的《燕召公世家》里写的第一位主人公——召公。

召公跟周武王姬发，以及上一节我们讲过的《鲁周公世家》里的周公旦，是同姓，都姓姬，但不是他们的亲兄弟。召公受封的地方，《燕召公世家》里说，是北燕。为什么叫北燕，北燕在哪里，司马迁都没有说，后来注释《史记》的

燕召公世家第四　　史記三十四

召公奭與周同姓姓姬氏

其在成王時召公為三公自陝以
西召公主之自陝以東周公主之
幼周公攝政當國踐阼召公疑之作君奭
篇君奭不說周公
周公乃稱湯時有伊尹假于皇天
在太戊時則有若伊陟臣扈假于上帝巫咸治王家
在祖乙時則有若巫賢　　在武

影印宋百衲本《史記》里的《燕召公世家》卷端（原書涀陽陶氏藏）

学者说，北燕就在今天的北京地区，之所以称之为北燕，是因为当时已经有一个南燕，在今天的河南省境内。北燕是姬姓之国，南燕则是姞姓之国，不是同一个国家。[1]

召公虽然受封为北燕国的国君，却跟周公旦一样，自己没有去。按照《燕召公世家》的记载，他在周成王时候，成了周王朝的国家级领导"三公"之一（所谓"三公"，就是太师、太傅、太保），而且分管的区域还不小："自陕以西，召公主之；自陕以东，周公主之。"这句话出自《春秋公羊传》，意思是从陕这个地方以西，由召公主管；从陕这个地方以东，由周公主管。这就是历史上著名的"周召分陕"，一般认为，今天"陕西"这一地名，追溯上去，就是由此而来的。

那么，这个陕，在今天的什么位置呢？

这还得从这个"陕"字说起。"陕"字的繁体字（陝），左边一个耳朵旁，右边一个"大"字，下面左右是两个"入"字。跟这个"陕"字很相像的，还有一个"郏"字，它的另一个写法"陜"，原来也是左边耳朵旁，右边是个"大"字，只是这"大"字下面左右是两个"人"字，不是"入"字——因为和"陕"字实在是太像了，后来为了区分，把它的耳朵旁从左边移到了右边，就写成"郏"了。[2]

陕，一般认为就是陕县，位于今天河南省的三门峡市；

像 公 召

明人拟想的召公像

郏，则是指周代洛邑的王城，位于今天的河南洛阳。究竟是周召分陕，还是周召分郏，因为《史记》版本众多，有不少那个"陕"字右边的"大"字下边，是写作两个"人"字的，所以近世以来，就有两种说法。而之所以有不少学者还赞同后一说周召分郏，是因为如果周召分陕的话，看起来东区过大，西区过小，有点难以置信。

不过无论是分陕还是分郏，召公在西部的管理，深得民心，因此他去世以后，老百姓都很怀念他，连他曾经歇脚过的一棵棠梨树，大家也不敢动它，还写了首诗歌赞美召公。这个被司马迁写进《燕召公世家》的亲民故事，来源于《诗经》十五国风里的《召南》一部，那其中有一首诗，名字就叫《甘棠》。顺便说一下，《诗经·召南》的召，指的就是召公，南则是指召公管理的西部南方地区。

令人遗憾的是，《燕召公世家》所记燕国的世系，在召公以下九世，是连人名都不清楚的。这当然不是司马迁懒惰，而是因为史料极度缺乏。

1986 年，北京琉璃河西周遗址出土了一批青铜器，其中有后来被命名为克盉、克罍的两件重器，上面都有四十三个字的铭文，以"王曰大保"开头，中间有明确的"命克侯于匽"的记载。而同一遗址出土的文物，又多提

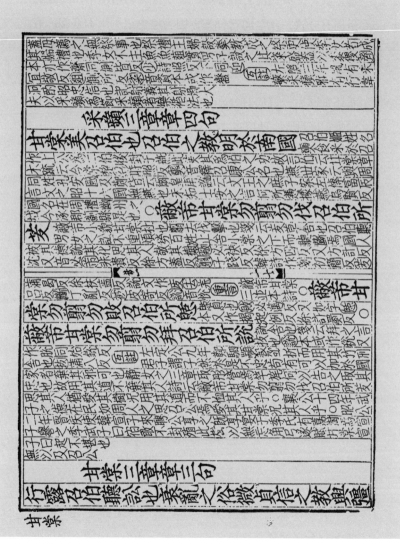

北京琉璃河西周遗址出土的克罍铭文拓片

北京琉璃河西周遗址出土的克盉铭文拓片

及"匽侯"。学界一般认为，上述铭文中提到的大保，就是《史记·燕召公世家》里开篇就写的周成王时做过三公的燕召公，而克侯，则是燕召公的大儿子，第一代燕侯。[3]召公虽然没有赴燕国就封，但和周公旦派自己的公子伯禽去封国一样，派了自己的大儿子去，这在唐代司马贞写的《史记索隐》里是有记录的。

因为琉璃河遗址的发掘，克盉、克罍等重要青铜器的发现，有实物印证的北京史，被大幅度提前到了西周初年。

值得注意的是，现已发现的西周文物和早期文献中，匽侯的匽字，没有写成燕山的燕字的，都写作成语"偃旗息鼓"的"偃"字右半边的"匽"，或者右边带耳朵的那个"郾"。一般认为，把燕国的国名改成今天这个燕山的燕，是秦始皇统一中国以后的事。

《燕召公世家》所记的燕国世系，是从西周共和时期的燕惠侯开始，才稍稍有点眉目的，不过大多只有侯王的名号，而没有侯王的名字，更没有具体的纪事。《十二诸侯年表》燕国一栏也是如此，绝大部分都是空白。

只有到了战国时期，《燕召公世家》故事才多了起来。

按《燕召公世家》的记载，战国时期，燕国和齐国曾

经打过三次大仗。先是燕王哙时期，齐湣王在孟子的唆使下，趁燕王哙让渡国家权力给权相子之，燕国国内大乱，攻击燕国，大胜，令燕王哙也丢了性命。然后燕昭王即位，励精图治，二十八年后，在名将乐毅的率领下，大破齐国，除了聊城、莒和即墨三个地方，其他的都划入了燕国的版图。后来燕昭王的儿子燕惠王即位，跟一代功臣乐毅闹起了不愉快，结果乐毅一气之下出国了，齐国趁机反攻，由名将田单布阵，收复了全部当年被燕国占领的地盘。

《燕召公世家》有关战国时期燕齐之战历史的记叙，一般认为，主要来自《战国策》。不过有一个情节，使这一说法有了需要修正的必要。

在《燕召公世家》里，写到燕国因为内乱，被齐国乘机攻破之后，过了两年，新的燕王燕昭王登基，为了报仇雪耻，放下身段，准备了一大笔国家级人才引进基金，到处搜罗可以帮助振兴燕国的能人。

这时候就碰到了著名的猎头公司领军人物郭隗。这郭大师倒也不客气，上来就跟燕王说："您要真想把一流人才招进来，您就先从我郭隗这儿开始。您把我招进来了，那样比我郭隗能干的人，可不是不远千里都会来吗！"燕昭王倒还蛮吃郭隗这一套的，不仅帮他重新装修了别墅，还把他奉为国师。您别说，效果倒还真不错。结果乐毅、邹衍和剧辛三位国际名流，分别从魏国、齐国和赵国被顺利地引进到了燕国。

上面的这个郭隗引人才的故事，在今本的《战国策》里是有的。但是，如果您对比一下《战国策·燕策》里的相关原文，和《史记·燕召公世家》里的这一段，会发现《史记》所录的版本，省略了好多文字。其中尤其引人注目的，是《战国策》所记郭隗初见燕王时说的一段格言，和给燕王讲的一个千里马的寓言，都不见了。

郭隗说的那段格言，是："帝者与师处，王者与友处，霸者与臣处，亡国与役处。"意思是：做皇帝的人，是跟大师玩的；做王的人，是跟朋友玩的；称霸的人，是跟臣子玩的；而那些把国家弄没的人，是只跟自己的跟班玩的。说的很有道理是不是？但是《史记》居然没有引。

郭隗给燕王讲的千里马寓言，说的是：古代有个很有钱的国君，想用千金买一匹千里马，折腾了三年都没搞到。这时下面就有人跟他说："让我给您想想办法，如何？"国君就把这差事交给了他。过了三个月，这人回来了，带回的千里马，并不是匹活蹦乱跳的马，而只是个死马的头，还花了五百金。国君大怒，说："我要的是活马，你怎么可以弄个死马来，还捐出了我的五百金？"这个下人聪明啊，回答说："死马都愿意花五百金买下来，何况活马呢？天下人一定认为大王您是有能力买千里马的，千里马这下一定会来的了。"真的不出一年，三匹千里马先后到来。这故事既生动还很有教育意义不是？当然是啊。可《史记》里居然也没有！

所以后来给《战国策》作注释的宋朝学者鲍彪，很是埋怨司马迁，说《战国策》里原本有的这么精彩的格言和寓言，你怎么可以都删掉呢？

但我想，鲍彪可能是太爱《战国策》了，没有考虑到另一种可能，就是今本《战国策》是西汉文献学家刘向校勘群书合并诸本文字的结果，甚至《战国策》这个书名，也是刘向取的，被他整理前的那一堆书，原本有《国策》《短长》《事语》等不同的名称。而司马迁写《燕召公世家》时，采用的这段文字，虽然明显出自《国策》一类的战国纵横家书，版本上却肯定不是今本的《战国策》，而应该是还没有被刘向整理合并过的文本。那样的话，司马迁采用的版本里，也可能原本就没有郭隗的格言和千里马寓言。

《燕召公世家》的最后部分，是关于燕国末代君王喜的时代的历史的。其中包括燕国名臣将渠劝燕王故事，和著名的荆轲刺秦王故事，后者我们到讲《刺客列传》时再细讲。有必要指出的是，司马迁在书写这部分时，称当时的燕王为"今王喜"，可见他依据的史料，很可能是整个《燕召公世家》里都难得一见的直接出自燕国的第一手材料。

《宋微子世家》:

消亡的前朝，反思的后裔

在《史记》三十世家里，《陈杞世家》和《宋微子世家》是很特殊的两篇，因为它们写的，是已经在政治上消亡的前朝的后裔的故事。其中《陈杞世家》记录的，分别是五帝中的虞舜和大禹的后代，也就是虞和夏朝这两个时代的君主的血脉所系；而《宋微子世家》书写的，则是商朝灭亡后殷纣王后裔的谱系，因为他们最后的封地在宋，所以篇名里有个"宋"字。

不过相比之下，《宋微子世家》似乎从一开始就跑题了。

按照篇名所示，司马迁本来应该重点书写的主人公，是商朝末代君王殷纣王的大哥微子开——这位微子开，其实本来的名字是微子启，但这名字好巧不巧，跟司马迁时的当朝皇帝汉武帝他爸汉景帝刘启撞车了，因为要避讳，

41

微子開者〔孔安國曰微畿內國名子爵也為紂卿士　索隱曰按尚書微子之命篇云命微子啓代殷後今此名開者避漢景帝諱也〕

紂帝乙之首子而紂之庶兄也〔子而是紂之兄索隱曰按尚書亦以為微子元生〕

微子時毋猶為妾及為妃而生紂微子故庶兄為紂同母庶兄紂旣立不明淫亂於政微子數諫〔徐廣曰……索隱曰……黎也系〕

紂不聽及祖伊以周西伯昌之修德滅阢〔在上萬章也即今之黎亭孔安國云阢國在上黨東北六本皇音黎〕阢國懼禍至以告紂紂曰我生不有

命在天乎是何能為於是微子度紂終不可諫欲死之及去未能自決乃問於太師少師〔孔安國曰太師三公其政四方之事特必亡也孔安國曰言謀於有治師也少師孤卿〕

曰殷旣小大好草竊姦宄〔孔安國曰草野劫盜於内曰姦於外曰宄〕卿士師師非度〔皆有罪辜乃〕

有治政不治四方〔祖湯也孔安國曰言湯遂其功陳力於上世也馬融曰……下世也〕紂沈湎於酒婦人是以亂敗湯德於下〔我祖遂陳於上曰我〕

師非〔……孔安國曰小人學為姦宄九鄉皆為非法度〕

南宋乾道年间刻本《史记》里的《宋微子世家》卷端（上海图书馆藏）

司马迁不得不让他改名，叫微子开了——但开篇没多久，《宋微子世家》的 C 位主角，就成了微子开的同僚、另一位商朝老臣箕子。

箕子原本的身份，按照《宋微子世家》的说法，是"纣亲戚也"。他在历史上之所以出名，首先是因为他是殷纣王身边难得的谏臣。只是他的劝谏，得不到纣王的善意回应。在旁人劝他可以离开殷纣王时，他的回应具有高度的政治觉悟，他说："为人臣谏不听而去，是彰君之恶而自说于民，吾不忍为也。"并因此采取披头散发、假装发疯，在原地当奴才等奇葩方式，度过商朝最后的至暗时刻。

当然，箕子最终迎来了他的高光时刻，只是这一高光时刻，很有历史的讽刺意味：已经夺取政权的周武王，专程向前朝败臣箕子咨询治国方略。而箕子倒也坦然，给胜利者的周武王，足足上了一堂三课时的大课，课程的名号，叫"洪范九等"。

"洪范九等"，也叫"洪范九畴"。所谓"洪范"，"洪"就是宏大，"范"就是法则，所以"洪范"一词用今天的话说，就是大原则；"洪范九等"或者"洪范九畴"，通俗地说，就是九大基本原则。这九大基本原则的名目，依次是五行、五事、八政、五纪、皇极、三德、稽疑、庶徵和五福六极。它们从整体上看，主要是讨论非常高端的治国理政方针的。但实际所包含的细节，却有非常大众化的东西，像位于最后的第九条基本原则里，前半部分叫"五福"，这

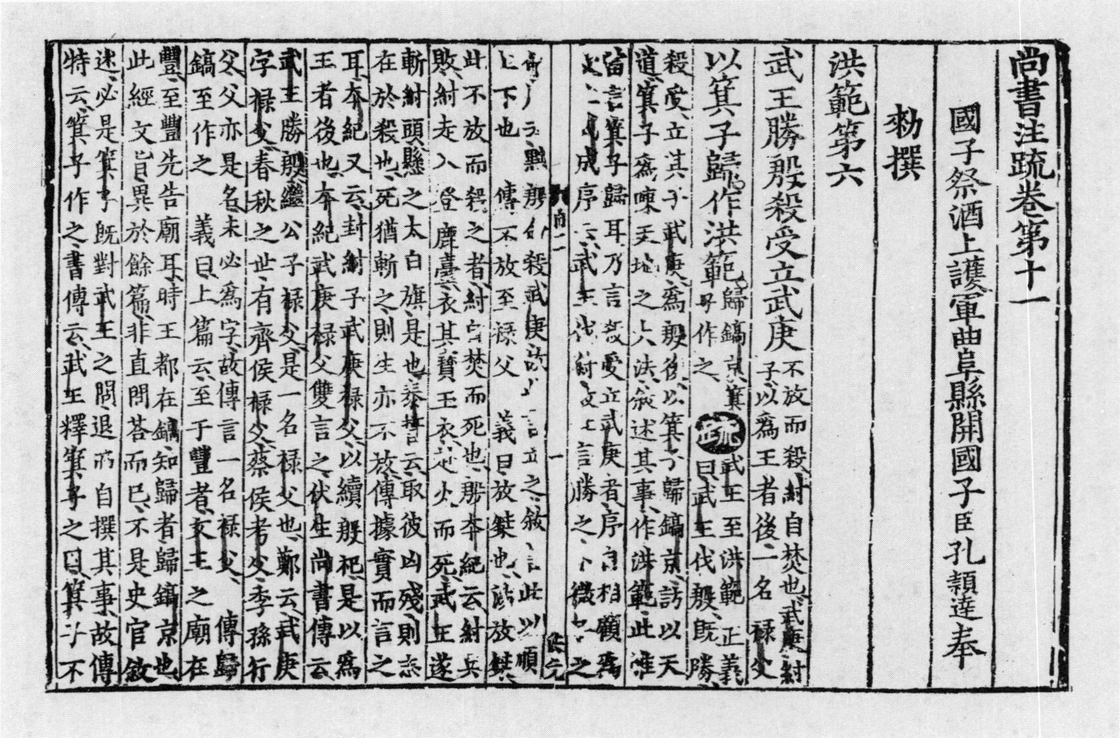
尚書注疏卷第十一
國子祭酒上護軍曲阜縣開國子臣孔穎達奉
勑撰
洪範第六
武王勝殷殺受立武庚不放而殺紂自焚也武庚紂子以爲王者後一名祿父
以箕子歸作洪範歸鎬京箕子作之 疏 武王至洪範 正義曰武王伐殷既勝
殺受立其子武庚爲殷後以箕子歸鎬京訪以天
道箕子爲陳天地之大法敘述其事作洪範此惟
當言箕子歸耳乃言殺受立武庚者序自相顧爲
文上序云武王伐紂此言勝之下微子之
命序云黜殷命殺武庚故此言立之敘此以順
上下也 傳不放至祿父 正義曰放桀也湯放桀
此不放而殺之者紂自焚而死也殷本紀云紂兵
敗紂走入登鹿臺衣其寶玉衣赴火而死武王遂
斬紂頭懸之太白旗是也泰誓云取彼凶殘則志
在於殺也死猶斬之則生亦不放傳據實而言之
耳本紀又云封紂子武庚祿父以續殷祀是以爲
王者後也本紀武庚祿父雙言之伏生尚書傳云
武王勝殷繼公子祿父是一名祿父也鄭云武庚
字祿父春秋之世有齊侯祿父蔡侯考父季孫行
父父亦是名未必爲字故傳言一名祿父 傳歸
鎬至作之 正義曰上篇云至于豐者以文王之廟在
豐至豐先告廟耳時王都在鎬知歸者歸鎬京也
此經文旨異於餘篇非直問荅而已不是史官敘
述必是箕子既對武王之問退而自撰其事故傳
特云箕子作之書傳云武王釋箕子之囚箕子不

宋两浙东路茶盐司刻本《尚书》里的《洪范》篇首（选自《中华再造善本》）

个讨口彩的好话，到今天我们还在用。五福是什么呢？据《宋微子世家》里箕子的说法，五福就是寿（长寿）、富（富有）、康宁（健康安宁）、攸好德（爱好仁义道德）、考终命（寿终正寝）。当然洪范九畴里也有的条目很深奥，像第五项基本原则叫"皇极"，这俩字究竟是什么意思，曾引得后代无数读书人争相讨论。不过，"皇极"这一大原则下说的，像"毋偏毋颇，遵王之义。毋有作好，遵王之道。毋有作恶，遵王之路"，像"毋偏毋党，王道荡荡。毋党毋偏，王道平平"，虽然难免传统的口号政治架势，却在长时段的中国政治文化中有虽属表面却意义深远的影响。

箕子这给周武王上课的讲义，在《史记》里占据了《宋微子世家》前半部分的大部分篇幅，司马迁在此几乎是做了一回文抄公，而他所抄的底本，现在我们也都知道，就是著名的儒家经典《尚书》里的一篇，题目就叫《洪范》。

关于《尚书》的《洪范》篇，近代以来，对于它的产生年代，学术界多有争论，其中最著名的成果，是后来在中山大学历史系任教的刘节先生，早年在清华研究院求学时撰写的《洪范疏证》。刘节先生经过细密的考证，判定今本《尚书》里的这篇《洪范》，并不是周代的作品，而是战国时代人后来编写的。[1]当然也有不同的意见，也有些很著名的学者，认定它的撰写年代还是在周代。[2]

但无论《尚书·洪范》是否战国时代的作品，到司马迁的时代，它一定已经在世间流传了，这是没有问题的。

问题是在《史记》的一篇以宋微子为篇名的世家里，司马迁为何要几乎全篇抄录这篇箕子（或者说是挂名在箕子名下）的政治学名作呢？

我想，这原因主要有两个。

比较显著的原因是，箕子虽然是殷商王朝的末代大臣，但如果将他在殷商王朝灭亡以后的作为放在《殷本纪》里，则有蛇足之嫌，而为他单独列一篇传记，则材料又太单薄。所以从技术上讲，只能放在这篇讲殷商王后裔的《宋微子世家》里，才比较合适。

但还有一个可能不太显著、却十分重要的原因，是司马迁撰写《陈杞世家》《宋微子世家》这类专门讨论某一个王朝或君王世系"去路"的世家的目的，并不是画蛇添足，而是借此展示长时段历史的走向，总结历史中王朝兴亡的教训。在《报任安书》里，司马迁在谈到编纂《史记》的宗旨，也就是"究天人之际，通古今之变，成一家之言"前，还有一条比较具体的写作方针，就是"略考其行事，综其终始，稽其成败兴坏之纪"，其中的三个"其"字，最主要的指向，就是历史上的各个王朝。而这一点，在这篇署名为箕子的授课讲义里，是说得最具超越具体朝代的普遍意义，也最有反思性质。换言之，司马迁恐怕也清楚，这篇题为"洪范"的大作，未必就真的出自商周之际名臣箕子之手，但因为其中包含着深刻的历史哲学式的思考结论，所以有必要放在《宋微子世家》的开局部分，以彰显宋国这个与殷商王朝有切实的血缘关联的周王诸侯国，有其当然存在的理由。

说到宋国，它的开国小君主虽然是微子开，但其实作为殷商王朝灭亡后殷纣王的后裔之国，它的诞生还有一点曲折。我们看《殷本纪》《周本纪》《管蔡世家》和《宋微子世家》，都说到一个事实，就是周武王灭商后，对商王的后裔并没有赶尽杀绝，非但没有赶尽杀绝，还给商纣王的儿子武庚禄父封了地，"以续殷祀"，也就是让他接续殷商的香火，同时还派了自己的两个弟弟管叔、蔡叔去协助管理。但管蔡两位老弟在武王去世、成王即位后，唆使武庚叛乱，实际掌控周王朝权力的周公，因此承成王之命，诛杀了武庚和管叔，流放了蔡叔，然后转命微子开作为殷商王的血缘继承者，在一个叫"宋"的地方，建立了一个直属周王的封国——宋国。

宋国在今天的哪里呢？按照南朝刘宋时候裴骃的《史记集解》的说法，周王朝时代的宋，后来改名叫睢阳。那时的睢阳，大致就在今天河南商丘附近。20世纪90年代，由美国哈佛大学张光直教授倡议，中美联合考古队在商丘一带展开多学科考古，最终在黄泛区沉积的泥沙底下，发现了深藏于距离地表10米深处的一处东周宋国都城遗址，它东、南、西、北四面城墙的长度，分别是2 900米、3 350米、3 010米、3 252米。而最耐人寻味的是，这个

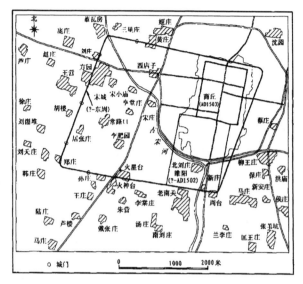

河南商丘考古发现的东周宋国都城城址位置图（选自《考古》1998 年第 12 期）

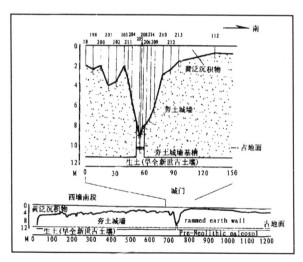

东周宋国都城西南城墙南缺口钻探剖面，缺口位置应是宋城城门之一。（选自《考古》1998 年第 12 期）

宋城遗址并不是常规的方形，它的建筑方向跟考古发现的著名的郑州商城内城宫殿遗址的建筑方向颇为相似，都是21° 至 23° 左右。宋国与殷商王朝，在血缘纽带之外，还有一重神秘的文化关联，于此可见一斑。[3]

《宋微子世家》既称世家，自然也记录了微子之后的系谱。其中最引人注目的，首先是宋国君主的替代方式。

如所周知，商和周，如果作为前后相继的两个王朝看，它们的君王的继位方式，是有所偏向的：商似乎还较多地保留着兄终弟及的旧程式，而周则更喜欢子承父业的新花样。但是我们看《宋微子世家》里宋国这个已经是周朝封国的国君的继位方式，居然有一部分还是商朝式的兄终弟及。

据《宋微子世家》的记载，微子之后，宋国历经了微仲、宋公、丁公、湣公、炀公、厉公、僖公、惠公、哀公、戴公、武公、宣公、穆公、殇公、庄公、湣公、公子游、桓公、宋襄公、成公、御、昭公、文公、共公、平公、元公、景公、昭公、悼公、休公、辟公、剔成、君偃，总共三十三位君主，这中间有七位，就是微仲、炀公、穆公、桓公、御、文公、君偃，是从他们的哥哥那儿承接的君主宝座。其中最具有象征意味的是，宋国的开国之君微子死后，接班的就不是他的子孙，而是他弟弟衍，被称为"微仲"，用今天的话说，就是微老二；宋国的末代君主君偃，则是把哥哥剔成干掉，自己称王的。而七位兄终弟及的宋君当中，引得后世的历史学家大发感慨的，是宋宣公和弟弟宋穆公之间的权力交接，因为宋宣公的谦让，废掉太子不立，让弟弟穆公接班，"国以不宁者十世"（本篇末"太史公曰"中语）。这种"不宁"的根源，就在于时代不同了，在春秋战国这样动荡的时代里，延续自己不确定国运的宋国，一旦以他们祖辈的老方子处理君王更替那样敏感的政治事务，结局难免是悲剧性的。

悲剧中的悲剧，是宋国的历史上，还出了一位宋襄公。

宋襄公名兹甫。这位春秋时代的非典型君主，在后代的历史中曾被推举到"春秋五霸"之一的位置上。但其实春秋五霸里是否有他，是很可疑的事情。可以确证的，倒是这位宋襄公发动了那场著名的喜剧式战争——泓水之战，因为固守"君子不困人于阨，不鼓不成列"的旧礼，在战前有利时机多次阻碍本国军将出兵，他亲自率领的宋国军队，被对方的楚国军队打得落花流水。宋襄公本人，因此也成为中国军事史上被后来人取笑的对象。

但是，非常值得玩味的是，司马迁没有取笑宋襄公。非但没有取笑，他还在这篇《宋微子世家》最后的"太史公曰"里，借"君子"之言，高度赞扬了宋襄公。他说：

襄公既败于泓，而君子或以为多，伤中国阙礼义，褒之也，宋襄之有礼让也。

这段话翻译成现代汉语，意思就是：宋襄公虽然在泓水打了败仗，但正人君子中还是有人为他点赞，这是在哀悼中国当时缺乏礼义，所以特意对他加以表扬，宋襄公真的是一位懂得据礼谦让的人啊。

宋襄公在泓水之战中的所言所行，从人类的战争逻辑看，当然是迂腐可笑的。但包括司马迁在内的正人君子们，却从另一个视角去观察，看出了春秋时代礼崩乐坏的大趋势。司马迁显然是非常厌恶那种只求胜负、完全不讲道义的战争的，所以用了一种特殊的口吻，借赞扬宋襄公的有礼节、懂谦让，来展示他对于人类历史中战争逻辑泛滥的深入反思。

《晋世家》（上）：

当亲情遇上权力

上一节我们讲了《宋微子世家》，这一节我们开始讲《晋世家》。

《晋世家》所说的晋，大家都知道，在今天的山西地区。有关这一地区世家大姓的故事，《晋世家》是从一个著名的传说讲起的。

说是晋的老祖宗叫唐叔虞，是周武王的儿子，周成王的弟弟。当初周武王跟这叔虞他娘幽会的时候，做了个梦，梦见老天跟自己说："我让你生个儿子，名字就叫虞，我给你唐这块地方。"等到儿子生下来了，发现那小手上居然真的有个"虞"字，所以就给他取名叫虞。

等到周武王驾崩了，成王继位，唐那个地方发生了动乱，辅佐成王的周公，就发兵灭了那不听话的唐国。

唐叔虞者周武王子而成王弟索隱曰唐叔以夢及手文而名曰虞至成王誅唐之後因封叔虞於唐故曰唐叔虞而唐有晉水至子燮改其國號曰晉侯然則叔虞初封於唐唐今在大夏初

武王與叔虞母會時夢天謂武王曰余命女生子名

虞余與之唐及生子文在其手曰虞故遂因命之曰武

王崩成王立唐有亂周公誅滅唐成王與叔虞戲削桐葉

為珪以與叔虞曰以此封若史佚因請擇日立叔虞成王

曰吾與之戲耳史佚曰天子無戲言言則史書之禮成之

樂歌之於是遂封叔虞於唐唐在河汾之東方百里故曰

唐叔虞姓姬氏字子于唐叔子燮其為晉

燮父是為武侯

武侯之子服人

这时那个著名的传说登场了。

说是成王有一回跟弟弟叔虞玩，把一片桐树的叶子，削成了玉珪的形状，送给叔虞，还说："就用这给你加封了啊。"这时周朝的一位史官，大概名字已经不清楚了，所以《晋世家》记录他的名字是"史佚"，这位史佚就立马请成王选择黄道吉日册封叔虞。成王说："我这只是跟他闹着玩的。"史佚回道："天子无戏言。您说了，史官就要记下来，还要准备典礼完成这件事，谱写乐曲歌颂这件事。"成王没辙了，只好把唐这块地盘，正式分封给弟弟叔虞。

《晋世家》开头记录的这个传说，就是历史上著名的"剪桐封弟"故事。而这个故事，在《史记》之前，还有一个版本，记录在先秦著名子书《吕氏春秋》里。《吕氏春秋》版的"剪桐封弟"故事，跟《史记·晋世家》所记最大的不同，是跟成王说"天子无戏言"的，不是史佚，而是当时辅佐成王的周公旦。周公旦是明星式的历史人物，跟他有关的故事，都会被人反复评说，所以到了唐代，山西籍的著名文学家柳宗元，就写过一篇《剪桐封弟辨》，认为这故事不可信。

司马迁当然读过《吕氏春秋》。但他在《晋世家》开头引的这个剪桐分弟的故事里，周公虽然出现过，却只有灭唐的情节，而没有说"天子无戏言"的话，可见司马迁的文献来源，跟《吕氏春秋》并不相同。至于柳宗元的推论，基本上没有下过文献考证的功夫，所以说"剪桐封弟"传说是彻底的子虚乌有，我想还是过于武断了些。

其实，与其追究"剪桐封弟"传说的真实程度，不如问一个更有历史实感的问题，那就是：叔虞所受封的唐，也就是最早的晋国，究竟在哪里？

就此《史记》是提供了线索的，《晋世家》里写的是："唐在河、汾之东，方百里。"这个记录，一是提供了方位，唐这个地方，是在黄河和汾水的东面；二是指示了地方的大小，应该说比较小，方圆不过百里地。

但"河、汾之东"的说法，还是太笼统了，所以引来后代学者的各种辩论。

20世纪60年代起，在山西翼县和曲沃县交界的地带，经过持续的考古发掘，发现了震惊中外、后来被称为天马—曲村的西周晋国遗址，其中有九组十九座晋国早期晋侯和夫人的墓葬，以及十个车马坑。《史记·晋世家》叔虞封唐之后，非常简略的西周和东周初年的晋国国君世系，就这样神奇地被考古发现印证了。

按照《晋世家》的排次，唐叔虞之后的晋侯，依次是唐叔子燮、武侯宁族、成侯服人、厉侯福、靖侯宜臼、釐侯司徒、献侯籍、穆侯费王、殇叔、文侯仇。其中靖侯当西周厉王及"共和"时期，穆侯时周东迁洛邑。

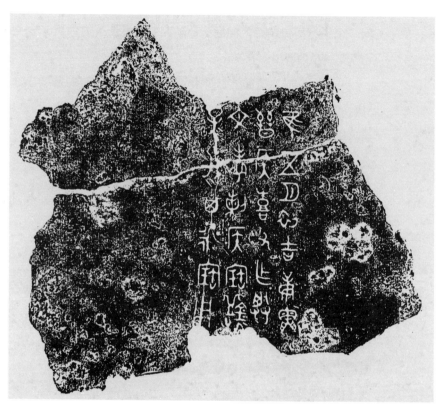

山西天马—曲村遗址北赵晋侯墓地出土铜器底部铭文拓片，内有"刺侯"之名，刺侯即《史记·晋世家》记载的厉侯。（选自《文物》1995年第7期）

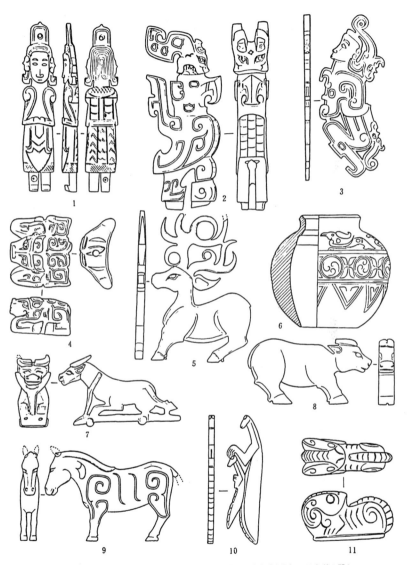

山西天马—曲村遗址北赵晋侯墓地出土部分玉器摹图（选自《文物》1994 年第 8 期）

上述十位晋侯中，除了殇叔，因为是抢了自己侄儿太子仇的位置，非正常继位的，之后又被太子仇推翻，没有发现墓地，其他九位晋侯的墓地，都在天马—曲村遗址里发现了，而且连他们的夫人墓，也发现了。[1]

因为发现了这些墓葬，有关唐、晋以及晋的最早都城——翼，究竟在今天的什么地方这个问题，得到了相对令人信服的答案。

北京大学的邹衡教授，在他的《晋国始封地考略》一文里写道：

> 翼城县的翔山以西，曲沃县的汾河以东、浍河以北，翼城、曲沃二县的崇山以南，东西长约 30 公里，南北广约 15 公里的长形地带，在此范围内大约是晋国始封地的中心地带。[2]

邹衡教授甚至认为，叔虞受封的那个唐，跟晋都翼，都在同一个地方，它被历史学家称为"故绛"，就是今天考古发现的天马—曲村遗址。[3]这一说法，虽然跟清代大学者顾炎武曾经作过的一个论断，就是怀疑"唐叔之封以至侯缗之灭，并在于翼"[4]，遥相呼应，但由于迄今没有在天马—曲村遗址发现诸如城池、宫殿之类的都城典型遗迹，所以并未为学界普遍接受。

《晋世家》所记东周以后春秋时期的晋国史，充满了血腥的气息。其中最著名的，就是曲沃代翼和骊姬之难。

　　所谓曲沃代翼，是指晋国国君的一支同姓旁支亲戚，从曲沃桓叔开始，经曲沃庄伯，到曲沃武公，前后三代，以谋杀或者武力征服的形式，执着地争夺以翼为都城的晋国的君权。

　　事情还得从晋穆侯时候说起。
　　说是穆侯的夫人，是齐国的姜氏。这姜氏为穆侯生了两个儿子，大儿子名叫仇，小儿子名叫成师。大儿子仇就是后来的文侯，继承文侯位置的，是他的儿子昭侯伯。昭侯待他的叔叔、也就是他爸文侯的弟弟成师不错，把成师封到了曲沃，号称曲沃桓叔。这桓叔对善待他的侄儿昭侯却不咋地，他封地所在的曲沃城，居然比昭侯所在的晋国都城翼还要大，据说他在晋国一般百姓里面，还很有人气。
　　这样到了晋昭侯七年，晋国国内发生政变，大臣潘父把昭侯给杀了，紧接着就要把曲沃桓叔接来做继任的国君。桓叔也已经有所行动了，没想到晋国高层不答应，发兵攻打桓叔。结果桓叔战败，只能打道回府。而晋国方面继位的，是昭侯的儿子孝侯平。
　　眼看着晋孝侯在国君的位置上坐了八年，曲沃桓叔都没有实现自己的上位梦想，死了，这继续做梦的责任，就落到他儿子曲沃庄伯鱓的肩上。庄伯等了整整七年，终于找到机会，在晋国首都把晋孝侯给干掉了。没想到晋国人还是不买账，向这位来自曲沃的庄伯发起反攻，庄伯只好像他爸一样，奔回了老家曲沃。晋国继承君位的，是孝侯的儿子鄂侯郄。

鄂侯不像他爹那么幸运，做了六年国君就死了。曲沃庄伯一听这消息，立马兴兵讨伐晋国。眼看着伟大的事业就要成功了，没成想半道里杀出个周平王，派了虢国的国公，率军帮晋国出头，打曲沃庄伯。庄伯呢，还打不过，只好逃回曲沃自保。晋国又逃过一劫，鄂侯的儿子光因此得以上位，成为新国君哀侯。

曲沃庄伯不久就死了，他儿子曲沃武公继位，就想方设法要报两代世仇。到晋哀侯九年，这武公终于通过一场发生在汾水边的战争，俘虏了晋哀侯。虽然晋国高层反应很快，马上把哀侯的小儿子推上领导岗位，但那位历史上被称为小子侯的晋国国君，才在位置上待了四年，就被曲沃武公骗出来给宰了，而在此之前，武公已经借刀杀人，把老哀侯的性命也结果掉了。

故事好像应该结束了，没想到周王再度出面。这回是周桓王，派了虢仲来讨伐曲沃武公。武公只能走他爹和爷爷的老路，跑回曲沃。而那边厢的晋国，则立了晋哀侯的弟弟缗做晋侯。

曲沃武公发挥了超乎寻常的忍耐力，又等了二十八年，终于再度出手，向晋侯缗叫板，并灭了对方。这回他学聪明了，把从晋国抢得的宝贝重器，全部献给了周釐王。周釐王贪财啊，就直接任命曲沃武公做了晋君，列为周王室的诸侯。曲沃武公顺势接收了晋国的全部地盘，摇身一变，成了晋武公。

按照《晋世家》的记载，从桓叔初封曲沃，到武公灭晋，前后经历了六十七年。想一想，超过一个甲子的岁月里，有一门亲戚，持续地要你几代当家人的性命，理由只是看上了你家的田地房产，那是一番怎样恐怖的情形。

相比之下，骊姬之难，更显示了人性之恶的深渊无底。

骊姬之难的始作俑者，是晋武公的儿子晋献公，他的名字充满了一种诡异的气息，叫诡诸（仿佛寓意他是"诡异的诸侯"似的）。骊姬之难的终结者，则是大名鼎鼎、后来成为春秋五霸之一的晋文公，他的名字也有点奇怪，叫重耳，这名字究竟是什么意思，至今谁也说不清。

从晋献公元年（前 676 年），到晋文公元年（前 636 年），有四十年的光阴。《晋世家》为这四十年，花费了整整六千字的笔墨。而《晋世家》记录大约七百年的晋国史，总共才用了一万五千多个字。也就是说，就一个骊姬之难，前因后果，竟占了全部《晋世家》的三分之一还多!

让司马迁如此花费笔墨的骊姬之难，是一场怎样的大灾难呢?

事情还得从曲沃代翼以后，晋国的东征西讨说起。晋献公作为极富野心的曲沃桓庄一系的后裔，最得意的战绩，是向西攻击本属于秦国势力范围的骊戎，并获得了骊戎美女骊姬和她的妹妹。

骊姬为献公生了个儿子，叫奚齐。而在骊姬之前，献公已经有至少三位太太，生过好几个儿子，这些公子中名声最好的有三位，就是太子申生、公子重耳和公子夷吾。太子申生是齐桓公之女齐姜所生，不过齐姜很早就去世了。

因为爱骊姬，连带着爱骊姬生的小儿子奚齐，这献公就有意废了太子申生。他先是找了个国家安全的借口，把太子和两位公子外放到基层去锻炼;然后又特别给太子分了点军权，派他率兵出征，反正意思就是让太子离首都远远的。这边私下里又许诺骊姬说:"我这就废了太子，让奚齐替代他。"

这骊姬可真不是等闲之辈啊，听了献公的私房话，居然哭着说:"您立这位太子，诸侯们是都知道的。太子还多次带兵，百姓都拥护他，您怎么可以因为我的原因，而废嫡系长子，立庶出的小儿子做太子呢? 您一定要这样做，我就自杀!"她一方面装模作样地称赞太子,另一方面又暗地里派人说太子的坏话,想方设法要让自己的儿子上位。

这样到了晋献公二十一年,骊姬终于等到了她想要的机会。

这天她在都城见到了原本下放在曲沃的太子,就跟太子说:"你爸做梦,梦见你妈齐姜了。太子您赶紧回曲沃去祭祀一下你妈吧,回来告诉你爸。"太子信以为真,就回曲沃去祭祀母亲齐姜了,然后把胙肉也就是祭祀用过的肉干带回来,打算献给老爸晋献公。不巧献公当时外出打猎去了,太子就把胙肉留在了宫里。骊姬看准机会,派人在那胙肉里放了毒药。

过了两天,献公打猎回来了,厨师就把太子奉献的胙肉拿了出来,献公也打算开吃了。这骊姬忽然从旁边跳出来,制止说:"这胙肉来路比较远,最好还是检验一下再说。"结果可想而知,给狗吃,狗死了;给小臣吃,小臣也死了。这下好了,骊姬再次飙泪上演苦情戏,献公也给气得不要不要的。太子听闻此事,百口莫辩,只能一逃了之,最后竟自杀了。

这时两位公子重耳、夷吾,正好来首都朝拜献公。有人就给骊姬打小报告,说:"两位公子怨恨您,认为您害死了太子。"骊姬一听,害怕了,就在献公跟前反告两位公子的状,说:"申生在胙肉里放毒药这事,两位公子是知道的。"这反告状传到两公子那里,他们也害怕了,于是都跑回到各自下放锻炼的地方：重耳跑回蒲，夷吾则逃往屈。献公觉得两公子既然不辞而别，那骊姬说的事情一定是有的了，就派兵讨伐蒲、屈两地。屈地守兵比较厉害，献公的部队无法拿下。蒲地则据说是有一位叫勃鞮的宦官找到了重耳，让他就地自杀。千钧一发之际，重耳飞奔越过短墙，追击他的宦官刀起刀落，只斩到了他的衣服的袖口。好险啊，重耳无家可归，只能投奔他的母家——狄国。

　　重耳在狄国待了十二年，又先后在卫、齐、曹、宋、郑、楚、秦七国流浪了七年，最后在秦的军事护送下，回到晋国，成为晋文公。他在外的十九年间，晋献公死了；原本想即位的骊姬的儿子奚齐，在晋献公的丧礼上被大臣里克杀死；骊姬妹妹的儿子悼子暂时登上君位，一个月后也被里克杀死；公子夷吾被齐、秦两大国护驾入晋，成为晋惠公，惠公因为哥哥重耳还活在国外，害怕里克闹政变，就赐里克死；最后惠公死了，他儿子怀公圉继位，也因为害怕仍在海外的伯父重耳，就下令凡追随重耳的人限期自首，到期不自首的全家杀光，并因此杀了重耳亲信的父亲狐突，结果导致自己被重耳在晋国的内应杀死，重耳反倒因晋国君位空缺而顺利归国。

　　应当说，司马迁在《晋世家》里，能把晋国的骊姬之难写得如此详细，是因为相关的史料十分丰富。而其来源，则主要是《春秋左氏传》和《国语》。从结构上说，基本上

说
《世家》
（上）

是以《左传》为骨架，插入《国语》中的相关故事。因为《国语》里的故事，情节性相比《左传》更强。像骊姬所说的那些如录音转录般生动的对话，大多就出自《国语》里的《晋语》。

不过也必须指出，《晋世家》有关骊姬之难的文字超乎寻常地长，另有一个原因，是因为其中不免有重复的内容或文字。而这些重复的部分，文字往往还是有所不同的。比如关于"重耳逾垣"的故事，《晋世家》里就重复了两次，虽然时间都在晋献公二十二年，但被派去追杀重耳的宦官的名字，前一次写作"勃鞮"，后一次写作"履鞮"，而重耳投奔的狄国，第一次写作"翟"，第二次才写作"狄"。这种不同，应该是司马迁著述时取材来源不同所致。

重耳上位成为晋文公之后，都干了什么，以至于后人会把他列入春秋五霸之一？《晋世家》后半所写的晋国史，又有怎样的不同以往的大变化？我们下节再讲。

《晋世家》（下）：

君臣相伴，友谊的小船说翻就翻

上一节我们讲了《晋世家》的前半部分，这一节继续讲《晋世家》的后半部分。

重耳在国外流亡了十九年，终于回到晋国，成了晋文公。他的伟大抱负，之所以能成功，除了他个人素质好，还有一个重要的原因，就是他身边一直有一批赤胆忠心的好兄弟。

按照《史记·晋世家》的记载，早在重耳被晋国国内恶势力追杀，不得已投奔母家狄国的时候，就有五位好友相伴而行，他们是：赵衰、狐偃咎犯、贾佗、先轸和魏武子。其中的狐偃咎犯，还是重耳的舅舅。而事实上这五位好友之所以能在那样的危难时刻，坚定地追随重耳，是因为他们是重耳十七岁少年时代就结交下的义士。重耳奔狄那年，是四十三岁，回到祖国做上晋文公，则已经六十二岁，这样算下来，他和这五位的友谊，已经延续了四十六年。可以想见，一方面是同宗同姓之间互相残杀，连同胞兄弟也对他狠下毒手；另一方面，这几位异姓友人却对他一往情深，不离不弃。这种严酷与温情的交织对比，对于重耳此后治国理政时的用人策略，无疑会产生重大的影响，而晋国后来的六卿专权，也与此有千丝万缕的联系。

名字出现在《晋世家》里，属于重耳登基前的智囊团班子中人，而比较特别的，是介子推。

虽然唐代司马贞在《史记索隐》里把介子推算作重耳的"五臣"也就是五位著名跟班之一，但这样的说法，并没有其他史料作旁证。《晋世家》里介子推的首次亮相，已经是晋文公元年的春天——重耳被秦国派军队护送入晋国，途经黄河的时候。

眼看着伟大的事业马上就要成功了，重耳的智囊团里，开始出现不和谐的声音。

先是咎犯开腔，对外甥、也是新国君的重耳说："臣下我跟随国君您周旋天下，犯的错也太多了。我作为臣下都知道，何况国君您呢？请允许我从此离去吧。"这当然是矫情啦。重耳要做一把手了，这时候最缺的，就是知根知底的高级领导干部，所以赶紧向舅舅发誓，说："如果回到晋国后，我有不跟子犯您同甘共苦的地方，河伯都会看到的！"紧接着，他还真的向黄河里投了块玉璧，算是跟咎犯正式结了盟誓。

事情本来可以这样过去了。没想到，同在一条船上的介子推，这时忽然跳了出来，冷冷地笑道："是老天帮助公子成了大事。子犯却把它作为自己的功劳，而要跟国君做交易，这实在是太不知羞耻了。我不想跟这样的人共事。"于是就偷个空，自个儿渡河，走了。

晋文公刚上位，忙啊。虽然想到要给一直跟着自己的小兄弟们和一班功臣加官进爵，但事情还没办完，周王朝那边出事了，周襄王被弟弟姬带给撵出了王城，跑到郑国暂住，只能向晋国告急。晋文公呢，很想帮周襄王一把，发兵打那闹事的姬带，不过又怕阶级敌人在新生的晋国里闹动乱，这一忙就忘了给以前的小兄弟、伟大事业刚胜利就独自隐居起来的介子推加封了。介子推则还是那么倔，不去找晋文公开条件，那自然岗位、工资、奖金和绩效津贴都不会来找他啦。他最关心的，还是一同出道的其他几位的品德问题。他说："窃人之财，犹曰是盗，况贪天之功以为己力乎？下冒其罪，上赏其奸，上下相蒙，难与处矣！"意思是偷人东西，都要被唤作盗贼，何况贪天之功为己有呢？下级干着这样的勾当，上面却还奖赏这类奸行，上下互相欺骗，这样的同僚是很难相处的啊——顺便说一下，成语"贪天之功为己有"，就是从这里出来的。

他这么絮絮叨叨，他老娘看不下去了，就跟他说："你为啥不也求个官呢，这样作死地怼，怼谁呢？"介子推却回他娘道："明明是错的，我再效仿的话，那罪就更大了。我就要发发我的牢骚，不要拿他们的工资。"这么任性的脾气，他娘也没法，就说："那你总得说出来，让上面知道吧，怎么样？"介子推却回答说："语言是身体的装饰，我现在身体都要隐藏起来，哪里还用得了什么语言装饰？说了，就是求显达了。"他娘倒通达，说："你真的要这样吗？那我跟你一起归隐吧。"就这样，介子推到死都不再见人了。

后来据说是介子推自己的一个跟班可怜他，为他打抱不平，写了篇诗不像诗，文不像个文的东西，挂在宫门上，用龙比喻晋文公，用五条蛇比喻曾经追随晋文公五个亲信，说龙已经升上了云端，四条蛇也找到了各自的发展空间，就只有一条蛇独自哀怨，看不到自己该处的位置。晋文公出门，看见这篇东西，马上明白了，说："这是说介子推啊。我正在为王室的前途担忧，没有考虑到他的功劳。"便派专人联系迎介子推进京，但介子推还是跑了。晋文公还不甘心，派人去找，听说他最后进了緜上山里，就绕着緜上山一圈，都封给了介子推，算是介子推的田邑，号称介山，晋文公作口头批示，说："这是为了记录我的过错，同时表彰好人。"

实话实说，介子推在晋国的历史上，无论是正向，还

不友諸侯子貢遇之曰吾聞非其政者不履其
地汙其君者不受其利今子復其地食其利其可乎

鮑焦曰吾聞廉士重進而輕退賢
人易愧而輕死遂抱木立枯焉　申徒狄諫而

不聽負石自投於河為魚鼈所食（疏）徒申
自沈前篇已釋諫而不聽未
詳所據崔嘉雖解無的諫辭　介子推至忠也自

割其股以食文公文公後背之子推怒
而去抱木而燔死（疏）晋文公重耳也遭麗姬
之難出奔他國在路困

之推割股肉以飴公後還三日封於從者遂志子
推子推作龍蛇之歌書其營門怒而逃公後慚謝追
子推於介山子推隱避公因放人燒山
庶其走出火至子推遂抱樹而焚死焉　尾生與女

《庄子·盗跖》所记介子推"自割其股以食文公"并"抱木燔死"事（选自《古逸丛书》所收覆宋
本《南华真经注疏》）

是反向，都没有起过什么明显的作用，司马迁为什么要在《晋世家》里，花这样多的笔墨来写他呢？

其中当然有表彰晋文公虚怀若谷的一面，但我想，最主要的理由，恐怕是这样的例子，能够借介子推的口，侧面反映在权力漩涡里挣扎的人的本能反应，而为晋文公以后晋国大臣的僭越之举，以至最后的赵、韩、魏三家分晋，埋下伏笔。

可以为我们的这一说法提供旁证的，是同样一个介子推，《庄子》里还写了他"割股以食文公"（也就是割自己的大腿肉给落难饥饿的重耳吃）和"抱木燔死"（因为觉得后来重耳背叛了自己，他愤然离去，竟抱着棵大树自焚了[1]），这两件事，后来演变成"割股啖君"和"入山自焚"两个典故，在以后的历史上，是介子推故事的标配情节，而司马迁当然是读过《庄子》的，但《史记》却对那两个故事只字未提，可见司马迁对于介子推史料的采用，是严格地限定在能够为《晋世家》中心叙事服务的范围之内的。

相比之下，《晋世家》的后半段里，写继位之后逐步成为春秋霸主之一的晋文公的文字，远没有前半段写他因骊姬之难流亡国外精彩。不光不够精彩，甚至还有写失手的时候。最典型的例子，就是写到文公伐楚，周作《晋文侯命》，而引出的那个《尚书·文侯之命》的公案。

说是晋文公五年，楚国包围了宋国，宋国就向晋国求救。这让晋文公很是犯难：要救宋国的话，就要跟楚国开打，但楚国对文公是有过恩德的，这怎么可以打呢；但要是不管宋国呢，宋国也是对晋国有过恩德的，麻烦了。这时候老臣先轸，给文公出了个主意，找曹、卫两国的麻烦，帮宋国解套，而楚国因为跟曹、卫两国关系不一般，果然把围困宋国的部队给撤了。

楚国将领子玉咽不下这口气，在楚王的勉强同意下，再度对晋用兵。晋国这边呢，再次用了先轸的计谋，私下里跟曹、卫两国讲和，让曹、卫两国跟楚国掰了，另一方面又把楚国的使者抓了起来，以激怒楚国。楚国军将果然大怒，出兵攻击晋军。结果等待楚军的，是集结在城濮的宋、齐、秦、晋四国的联合部队，楚军自然大败。

因为城濮一战，晋文公一跃成为国际明星。他知道周王朝的价值，就把从战争俘获的楚国俘虏献给周王，还派了一百辆由四匹披着战甲的马拉的战车，和步兵千人前去助威。周天子则投桃报李，派了王子虎给晋文公加封了"伯"的名号，也就是在五等爵位上再升了一级，同时还赐了包括专车在内一大堆礼物给他。晋文公还谦虚，再三推辞，当然最后是一定要叩头接受的了。

《晋本纪》写到这里的时候，下面紧接着，是这样一段文字——

周作《晋文侯命》："王若曰：父义和，丕显文、武，

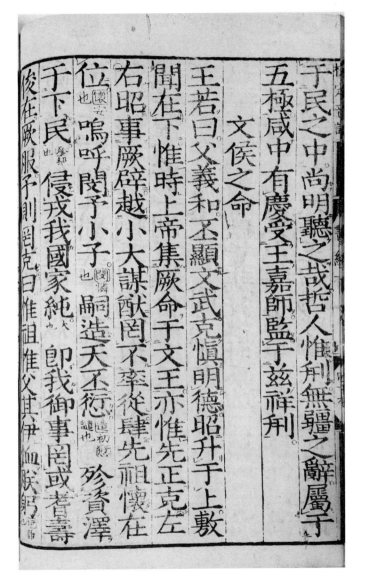

于民之中。尚明聽之哉哲人惟刑無疆之辭屬于

五極咸中有慶受王嘉師監于兹祥刑

文侯之命

王若曰父義和丕顯文武克愼明德昭升于上敷

聞在下惟時上帝集厥命于文王亦惟先正克

右昭事厥辟越小大謀猷罔不率從肆先祖懷在

位也嗚呼閔予小子嗣造天丕愆殄資澤

于下民也侵戎我國家純即我御事罔或耆壽

俊在厥服予則罔克曰惟祖惟父其伊血朕躬

日本江户时代刻本《尚书》里的《文侯之命》

能慎明德，昭登于上，布闻在下，维时上帝集厥命于文、武。恤朕身，继予一人永其在位。"于是晋文公称伯。

这段文字，除去开头的"周作《晋文侯命》"，也就是周朝方面发布了一篇题为《晋文侯命》的公告，和最后的一句"于是晋文公称伯"，中间都是引文，引用的，自然是出自周王朝官方的《晋文侯命》。

但是，从唐代开始，就有学者指出，这里的引文，是从儒家经典《尚书》的《文侯之命》一篇里节抄来的，而《尚书》的《文侯之命》，虽然也是周王朝方面赠给晋侯的，接受的一方，却不是晋文公，而是晋文公之前好几代的晋文侯，时间也不是周襄王时期，而是周平王东迁洛邑的时候，两边差一百多年呢。

现在看来，司马迁可能是相信了当时的某种传说，而误引了《尚书》的文字。[2]不过，因为《尚书》里时代背景最晚的一篇，就是这篇《文侯之命》（即使是作为周平王赠晋文侯的作品也是如此），那么司马迁的这一误引，反映的应该是西汉学界对于《尚书》下限晚于平王时期的一种流行看法。

《晋世家》所记晋文公以下的晋国国君世系，从晋襄公到晋静公，总共有十六世。这部分文字跟晋文公时期的相比，最大的不同，是许多场合的主角，已经从晋国的国君，变成了本是国君臣子的六卿、四卿和三家。

比如晋灵公，就是那位拿着弹弓，从台上远远地打路人，而最喜欢看路人躲避弹丸的变态国君，他统治的时候，对出身世家、一直在自己跟前唠叨进谏的大臣赵盾很不满，就派了个杀手去暗杀赵盾。没想到赵盾门风清明，品德高尚，感动了那位还有点良知的杀手，但不下手的话又有违君命，结果人没杀，这杀手自己撞树自杀了。

一计不成，晋灵公又施一计，放狗咬赵盾，幸好赵盾有一位他曾经施恩的故人出手相助，又躲过一劫。但眼看着国君是要自己性命的，赵盾也只好走人，还没跨出国门，国内就传来了他弟弟赵穿将军出手杀了晋灵公消息，赵盾也得以官复原位。不过，因为他是晋国所谓的正卿，相当于今天说的主管部门正职，人一直没有离开国境，而国内发生杀害国君的事，他回来以后也没有采取措施镇压动乱，所以晋国的太史董狐，按照的惯例，把这一事件记录为"赵盾弑其君"，也就是赵盾杀了他的国君。

从今天的角度看，赵盾是有点冤枉的。不过，晋国之后的历史，逐步演变为国君和强势的大臣之间的生死较量，其中的卿，也就是大臣一方，对于晋国的国君，从礼制僭越，到兵戎相见，所作所为，从传统意义上讲，说他们"弑君"，是一点也不冤枉的。像栾书和中行偃出手抓捕晋厉公，关了六天又杀了他，还极度侮辱性地只用一辆车送这位前国君下葬，就是典型的例子。

当然，从晋国国君的一方说，自身素质不高，而且一代不如一代，也是君臣之位最终颠倒的必然结果。晋厉公有上面说的悲剧性的下场，追根溯源，是他上位后要用自己多位小老婆的兄弟，代替当时的各位执政大夫。而晋国末期的晋幽公，居然因为喜欢野女人，半夜出城去幽会，而被强盗要了小命。相比之下，晋国史后期的那些强势的大臣，无论是"外举不隐仇，内举不隐子"的祁傒，还是运筹帷幄的赵鞅，抑或是大权独揽的知伯，在《晋世家》里无一不是智商高、判断力又超强的人。

　　晋国，最后就是被这些智商高、判断力又超强的人的后代所瓜分的。

《楚世家》（上）：

另一个角度说"中国"

上两节我们讲了北方系的《晋世家》，这一节我们开始讲南方系的《楚世家》。

《楚世家》的开篇就很独特，说"楚之先祖，出自帝颛顼高阳"。在《史记》世家部分的其他篇章里，是没有一篇能够把主角的祖先追溯到如此高古的时代的。因为高阳是黄帝的孙子，这就意味着，楚民族和华夏民族，是源出一系的。

不过，学术界现在一般认为，把楚国的源头上溯到这么远，可能是春秋时代，楚国有意向北方中原地区发展时，才创作出来的一个故事。

相对而言，《楚世家》所记楚国先祖的事迹，季连以下的部分，比较可靠。

楚世家第十　史記四十

楚之先祖出自帝顓頊高陽。高陽者，黃帝之孫，昌意之子
也。高陽生稱，稱生卷章，卷章生重黎。重黎為帝嚳高辛居火正，
甚有功，能光融天下，帝嚳命曰祝融。共工氏作亂，帝嚳使重黎誅之而不盡。帝乃以庚寅日誅重
黎，而以其弟吳回為重黎後，復居火正，為祝融。吳回生陸
終。陸終生子六人，坼剖而產焉。

南宋乾道年間刻本《史記》裏的《楚世家》卷端（上海圖書館藏）

说是陆终生了六个儿子，老六叫季连，楚就是他的后代。周文王的时候，季连的直系后裔叫鬻熊的，曾像儿子一样地侍奉周文王，可惜很早就去世了。而到他曾孙熊绎的时候，周成王表彰祖父文王、父亲武王时候勤劳王事的那些故人的后裔，找到熊绎，并把楚蛮之地分封给他，"封以子男之田，姓芈氏，居丹阳"。这些记录，大都来源于《帝系篇》《世本》《国语》等传世文献。

《楚世家》接下来的部分，最引人注目，是在周王朝统治时期，楚国的国君一再提到"中国"——当然，这个中国是要打引号的——而把自己称为"蛮夷"。

第一次出现这样的情形，是在熊渠执政的时候。

熊渠是熊绎的孙子的孙子，也就是四世孙，他执政的时候，周朝是周夷王当政之时，王室衰微，有的诸侯都不向周王朝朝贡了，互相之间还打架。熊渠自个儿在长江和汉水流域营造了个和谐的小环境，国力也不差，就出兵把周围的庸、杨粤乃至于鄂等几个小国都征服了。

有了这样可以炫耀的战果，这熊渠胆子就略微大了一些，说："我蛮夷也，不与中国之号谥。"这表面的意思，是咱们楚国是蛮夷之国，所以不跟着"中国"玩那套名称、谥号什么的。其实言下之意，是既然"中国"看不上咱们，那咱就自己玩，而且要玩更大的——我们是怎么知道熊渠的言下之意的呢？因为话音才落，他马上就把自己的三个宝贝儿子都封做了王：大儿子熊康叫句亶王，二儿子熊红叫鄂王，小儿子熊执疵叫越章王，当然也都各有管辖的地盘。你想啊，连儿子都可以公然封一个跟周王平起平坐的"王"的名号，那儿子他爹自认为是个什么地位，不是昭然若揭了吗？

这一把玩得是有点过了，所以到周厉王当政的时候，因为北方有情报传来说这厉王暴虐得厉害，熊渠怕他借机讨伐楚国，就把王的名号主动取消了。

在《楚世家》里，楚国国君第二次自称"蛮夷"，并提到"中国"，是在楚武王熊通当政的时候。

那会儿满世界流行的，是国君的亲戚和臣下弑君上位。像晋国的曲沃庄伯，杀了晋孝侯；宋国的太宰华督，杀了宋殇公；卫国和鲁国，也相继发生了国君桓公和隐公被杀事件。好像不杀个大人物，这国家都跟不上时代的节奏。所以熊通也挺时髦，等做国君的哥哥蚡冒刚死，他就把眼巴巴等着上位的侄儿杀了，自己做了楚国的新国君。

到了这熊通执政三十五周年的时候，莫名其妙地就打邻居随国。随国觉得自己冤枉啊，就跟楚国说："我无罪。"意思是我又没犯什么错，你个神经病干嘛打我。楚国的回答竟是：

我蛮夷也。今诸侯皆为叛相侵，或相杀。我有敝甲，欲以观中国之政，请王室尊吾号。

意思是我就是蛮夷。现在我看你们周王室的诸侯都背叛了周王室，互相侵攻，有的还互开杀戒。我也有几张烂盔甲，想带着它们，作为观察员去考察一下你们"中国"的政治，顺便请周王室给我个上档次的封号。

这话说得极具挑衅性。但随国人倒还真蛮老实的，专门为了楚国这破事，到周朝去出了趟公差。周王朝那里当然不同意。熊通呢，开始还蛮有耐心的，等了两年，发现此路不通，就发了通牢骚，不跟"中国"玩了，自己给自己封了个"武王"的号，算是挣回点面子。

楚武王跟周朝要个名号的事，最后是以另外一种特殊的形式成了的。但悲催的是，熊通自己已经看不到了，是由他的孙子楚成王熊恽为他实现的。有意思的是，当年一再从楚国国君嘴里冒出来的那两个词儿——"蛮夷""中国"，这次在周天子的口中又一次出现了。

成王熊恽才即位，就注重给各方面布施德行恩惠，跟以前关系不错的各路诸侯继续交好。还派专人给周天子进献礼物，结果天子赐给楚国胙肉（也就是周王祭祀时用过的肉干），并给了个口头批文，说："镇压你南方蛮夷越地动乱，不要来侵犯中国。"由于有这样的中央级批文，楚

何尊铭文拓片，内有"宅兹中国"四字（右起第七行前四字）。

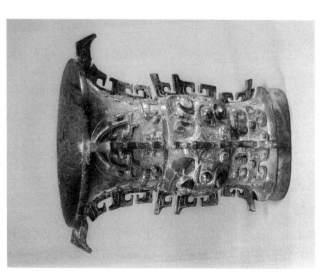

1963年陕西宝鸡贾村镇出土的何尊

国自然是放开手脚大搞区域规划啦,很快楚国的地盘就达千里。

如果把《楚世家》的开头部分,跟我们上面举的有关"蛮夷""中国"的三个例子做一对比,你会发现一个很有意味的现象:司马迁一方面在《楚世家》的开头部分,就把楚民族的源头,追溯到了颛顼,意味着楚民族和华夏民族同出一源。但在进入与周王朝并行的楚国历史叙事时,采用的史料,又是把楚国编入蛮夷部落,而明确显示楚不属于"中国"。这是怎么回事呢?

这原因,就在于"中国"这个打引号的名词,当时指代的,跟我们今天所说的"中国",并不是同一个概念。

中国古典文献中,出现"中国"一词,而文本所依托的实物留存至今、且时代最早的,是西周早期青铜器何尊上的一段铭文。何尊是 1963 年从陕西宝鸡的贾村镇出土的,这件口圆底方、造型奇诡的青铜祭器,底部铸有 122 个字的铭文,述说了周成王住在成周,训诫宗族子弟的故事。其中有"余其宅兹中国"一句,意思是我就要住在这国家中心地区,而其中的"中国"二字,是目前所见的文献实物上出现的最早的"中国"。[1]

虽然《楚世家》里三度出现的"中国"一词,都比何尊的时代要晚一点,但那三处"中国"的意思,在表示周王室以自我为中心方面，是没有任何变化的。同时，它们也依然不是我们今天所说的具有政治和地理双重概念的严格意义上的现代国家概念，而更多的是指称一个地理范围，尤其是指周王室所在的中心地区。

事实上与广域的现代中国地理范围相关联的用词，在那个时代，有一个专有名词，就是"天下"。

而因为被这样的带引号的"中国"贬称为"蛮夷"，导致楚国领导人自称"蛮夷"，其实客观地看，是因为楚国的文化，与以中原为根据地的周王朝文化相比，在外观上就有较大的差异。换句话说，这时的楚，更像是周的一面棱镜，折射出了当时华夏文明南北两种不同的风貌。

在《楚世家》里，楚国除了自称"蛮夷"，并挑动"中国"的神经，另一个给人印象深刻的，是他们特别操心周王朝的鼎。

鼎原本是一种烹饪器，它们的外形或方或圆，一般上口沿竖着两只立起来的耳朵，下面有尖足或方足来支撑。因为食物在中国上古祭祀中越来越广泛地被应用，鼎的功能，也逐渐由单一的烹饪工具，演化为同时具备祭祀功能的特殊礼器。到了商周时期，鼎主要已经不是烹饪器，而是盛装肉食的专用器。鼎的多少与排列方式，也成为君侯身份的重要象征。西周时只有周天子可用九鼎，一般诸侯只能用七鼎。到东周的时候，诸侯宴请卿大夫也经常用九鼎了，卿大夫用五鼎，再下面的士用三鼎。祭祀的时候，鼎里面放的食物也有讲究。比如天子九鼎，那第一鼎最大，放的是"太牢"，就是祭祀用的牛，再下面的八个鼎，依次放的是羊、猪、鱼干、肉干、动物肠胃、肉皮、鲜鱼和一种被称为"鲜腊"的新鲜干肉。

楚人特别操心周王朝的鼎，当然不是想喝牛肉汤，而是关心鼎本身。

其中最厉害的，要数楚成王的孙子楚庄王。

庄王这位爷跟他的祖上都不同，是位典型的混世魔王。据说他即位三年，从不签发文件，就白天黑夜地玩。结果碰到个敢于直谏、又善于讲故事的大臣伍举，三言两语就唤醒了庄王的责任心，到即位第八年，南征北战，最后居然"观兵于周郊"了，也就是部队都开到周王朝所谓"中国"的近郊了。这时的周王不敢像之前那般看轻楚王了，派了一个名字叫满的王孙，专门出来犒劳楚王，其实也是探探楚军的虚实。楚王很执着，就关心周朝的鼎，专门向王孙满请教，周鼎的大小尺寸怎么样，轻重分量又怎么样。这王孙满还有几分傲气，严肃地对楚王说："在德不在鼎。"意思是取天下，靠的是道德品行，不是鼎。庄王呢，也有意思，直接回道："你不要仗着你有九鼎来阻拦我！我楚国折断兵戈的尖头部分，就足够做九鼎了。"王孙满一听，这楚王是要来真的了，赶紧放软话，最后用"周德虽衰，天命未改。鼎之轻重，未可问也"，才算打发了楚庄王——顺便说一下，成语"问鼎中原"，就是从这故事里来的。

庄王之后，关心周鼎的，还有庄王的孙子楚灵王。

据《楚世家》说，灵王曾跟臣下析父有一次对话，谈到周鼎。起因是灵王对周王朝没有给予楚国和其他诸侯国同等的待遇耿耿于怀。他问析父："齐国、晋国、鲁国、卫国，他们受封的时候，都获得了赏赐的宝器，唯独我们楚国没有。现在我派个使节到周朝去，要求他们分鼎给我，你觉得他们会给我吗？"析父呢，显然是个马屁精，马上回答说："一定会给君王您的啊！"然后就举了楚先王熊绎荜路蓝缕侍奉周天子的故事作证据。不过，他也挺懂心理学，不忘给楚灵王分析周何以没有端平一碗水的理由：因为齐国是周王的舅舅；晋国和鲁、卫两国，是周王母亲的弟弟；咱们楚国没有那样铁的关系，所以分鼎这事，就没咱们的份，而他们都有。但是，关键的是，他最后安慰楚灵王说："周王朝跟那四个国家，现而今都服侍大王您哪，一定是惟命是从了，哪里还敢宝爱那些鼎呢？"

《楚世家》记载的这则楚灵王跟析父有关周鼎的对话，来源于《左传》。但在《左传》昭公十二年里，跟灵公对话的，原本不是析父，而是令尹子革。析父不仅没有说过那样肉麻的话，而且是在听了令尹子革那一番毫无原则的马屁话后，对子革说："你是咱们楚国的希望。现在跟国君说话，就像个应声虫，国家要是像那样发展的话，会变成什么啊！"

从唐代开始，《史记》的注释家就注意到这个问题。明代学者杨慎更进一步，直接说司马迁是删错了句子。[2] 我倒认为太史公删节《左传》当然是可能的，但把对话人都搞错了，则有点离奇。更大的可能有两种，一是当时看到的《左传》和今本不同，一是《楚世家》文字在流传中有所缺失，而第二种的可能性似乎更大些。

无论如何，从自称"蛮夷"，到问鼎中原，《楚世家》里呈现的楚国，确乎有一种不同于《史记》其他任何世家篇章主体的独特性格，而跟《秦本纪》的主角秦国，有一种一较高下的态势。夸张一点的话，甚至可以说，待在世家一体里，对楚国而言，是屈就了。

不过，司马迁终究还是把楚国放在了世家里，那是为什么呢？我们下一节再讲。

《楚世家》（下）：

曾侯乙家的编钟，原本在哪个国家敲

为什么曾经那么牛的楚国，在《史记》还是被放在"世家"一体里，这既跟《楚世家》后半部分讲的楚国后期走上了下坡路，最终没能成为全国性的老大有关，也跟《楚世家》整体上存在不少史实不明的具体问题有关。

我们先来看看《楚世家》里写的楚国后期的历史。

从上一节最后我们提到的楚灵王，到最后被秦国灭国的楚王负刍，这中间在楚国历史上最出名的，是楚昭王和楚怀王。前者是因为孔子曾给予了极高的赞誉，后者则因为在文学史上和楚国的著名文学家屈原有瓜葛。

楚昭王是春秋后期的楚国领导人。据说当吴国出兵打陈国的时候，楚昭王曾出手援助陈国，结果在军中生病了。这时天象奇特，红色的云像鸟儿一般，在太阳边上乱飞。昭王就问周太史，这是几个意思啊。周太史神秘地告诉楚昭王说："这是冲着您楚王来的，要害您。但可以把这灾祸移到您的部下将相们身上。"将相们听说了这样的话，倒还很大度，纷纷要求代替伟大领袖去向天神祈祷。昭王不同意，他说："将相是我的臂膀。现在移祸给他们，还不如不要我这把老骨头了。"然后部下们占卜了一通，发现作祟的是黄河，大夫们就商量着要给黄河做祈祷。昭王还是不同意，理由是："自从我们楚国的先王受封以来，我们的地望是不过长江汉水流域的，黄河不是应该承担罪责的地方。"如此深明大义的国君，自然赢得时人的赞誉。孔子就曾称赞说："楚昭王通大道矣。其不失国，宜哉！"意思是楚昭王真可以说是能够贯通大道了，他没有失去楚国，是有道理的。

相比于楚昭王的大气，楚怀王只能说是一个格局太小、结局又过于悲惨的国家领导人。

楚怀王的故事，我想大多数读者都知道。在战国时代，秦齐两国相争之际，他受从秦国跑到楚国的谋士张仪的一再欺骗，跟老相好齐国断交，以为就此可以拿到之前被秦占领的商於之地六百里，结果六百里变成了六里，秦楚交战，楚以大败告终，还傻傻地放了已经回到楚国的张仪。后来秦楚两国结盟、和亲又反水，这楚怀王又被秦昭王骗到了秦国，最后竟客死他乡。

楚怀王的故事里，一向就少不掉两个人，一个是巧舌如簧的谋士张仪，一个是赤胆忠心的臣子屈原。张仪和屈原，在《史记》的列传部分里，都有专门的篇章，具体我们到讲列传时都会讲。值得注意的是，跟张仪在《楚世家》里已经大出风头不同，屈原在《楚世家》里只露了一下脸，有关的文字只有一句："张仪已去，屈原使从齐来，谏王曰：'何不诛张仪？'"不过文字虽然不多，却蛮重要的，因为它一方面说明了屈原当时还是楚国的一位重要的外交使者，另一方面也有判断力。

只是无论是楚昭王还是楚怀王，到了当代，风头都被一位原本不起眼的楚王盖住了，那就是《楚世家》最后部分记到的楚幽王熊悍。

按照《楚世家》的记载，楚幽王他爸是楚考烈王熊元，在他执政的第二十二年，楚国曾经和几个诸侯国一起攻打秦国，失败了，楚国只好向东迁都到寿春，又把这个寿春改名叫郢。

这里要先插叙一下，楚国的首都和这些首都的名称问题。

我们看《楚世家》，楚国最早的首都，是周成王时候熊绎所居的丹阳。然后在春秋的时候，楚文王熊赀把首都从丹阳迁到了郢。到了战国后期，秦国进攻楚国，攻破郢都，楚顷襄王不得已两度迁都，先是迁到陈，后来又从陈迁到

安徽寿县朱家集出土楚幽王舍悍鼎

楚幽王酓悍鼎铭文（右一前四字释文：楚王酓悍）

了这个寿春。有意思的是，他们一迁都，不管新首都原来的名字叫什么，一律要加个郢字，或者就直接改名叫郢。

早期的郢都，现在经过考古发掘，知道它可能就是今天湖北荆州的纪南城遗址；[1]陈，是在今天的河南淮阳；而寿春，则在今天的安徽寿县。

楚考烈王把首都迁到寿春，才过了三年，就死了。他的儿子熊悍继位，是为楚幽王。幽王做了十年的国家领导人，也死了。而到了20世纪二、三十年代，由于盗墓贼的频频光顾，这幽王的墓，竟然神奇地在安徽寿县朱家集被发现了。而更神奇的，是楚幽王墓里出土了一只鼎，上面刻着带有楚幽王姓名的一段铭文，根据这铭文，人们惊奇地发现，原来楚幽王不姓熊，而姓酓。[2]

不仅如此，自那以后，经过考古发掘，陆续出土了许多带有楚王姓名的青铜器，而青铜器上楚王们的姓氏，也都写作酓，没有一个写作熊的。[3]也就是说，楚王们原本的姓氏，就是这个酓，而不是熊。

那为什么《楚世家》里从头到尾都看不到这个酓字呢？现在学界一般认为，秦统一中国后，把这个专门表示楚王姓氏的酓字，都统一改成了熊字。到了汉代，包括司马迁在内的人，则已经看不到楚国的原始文献记录了。

那秦朝统治者为什么要那么改呢？有人说是秦借此侮辱楚国，因为楚国在六国中最为强悍，是秦统一中国过程中的劲敌，并举著名的秦国诅咒楚国的石刻《诅楚文》为证。[4]但《诅楚文》只能证明秦已经把酓字改成了熊字，并没有解释他们为什么要那样改；也有学者认为，熊字和酓字在战国时代的发音，可能比较接近，所以秦在实施书同文字政策时，用熊字替换了酓字。[5]我个人认为，后一种解释，相对而言比较靠谱。

其实《楚世家》里记录的有关人名、地名和国名，通过后来的考古发现，得以让人获得新知的，还不止楚王姓氏这一条。由于传世文献的缺失，加上楚国涉及的地域实在过于广泛，司马迁在《楚世家》里，虽然写了不少跟楚同处一个区域、或交战或结盟的南方国家，但有关这些国家切实的信息，司马迁自己也搞不太清楚——比如随国的国名，就是一个典型的例子。

随国我们在上一节里已经提到过，它是楚国的邻居，跟楚国有相爱相杀的复杂纠葛。在《楚世家》里，这个随国的身影，出现过三次。

第一次就是楚武王时期。楚国出兵攻打随国，目的是通过随跟周王朝打招呼，要周朝给个高大上的封号。因为随是周王室的亲戚，属于"中国"的诸侯国，而楚国是蛮夷，没法直接跟周王连线，不得不通过随国方面传话。结果随虽然传了话，但周王没理楚王，楚王一气之下就自己称王，同时也跟随结了盟。

曾侯乙墓发掘现场（选自《随县曾侯乙墓》，文物出版社，1980年）

第二次是楚文王的两个儿子熊囏和熊恽争抢王位之际。因为先即位的庄敖也就是熊囏，想杀了弟弟熊恽，熊恽投奔随国，反过来又在随国帮助下，把庄敖干掉了，自己上位，成了名副其实的成王。

第三次是在楚昭王时期。吴王阖闾率军进攻楚国，攻破了楚国的首都郢，昭王四处逃窜，最后跟他的先辈一样，只能投奔随国。吴王听说楚昭王跑随国去了，就进攻随国，并对随国说："周王朝的子孙受封在长江汉水之间的，都被楚国灭国了。"言下之意我吴国是来给周王朝的子孙报仇的，因此一心要杀了楚昭王。楚昭王随从里面有个叫子綦的，赤胆忠心，把昭王藏得严严实实的，还把自己装扮成了楚王，对随国人说："把我交出去给吴国吧。"随国还挺谨慎，先算了一卦，结果是如果把人交给吴国的话不吉利，就向吴王抱歉说："楚昭王跑了，不在咱们随国。"吴国不相信，要求让他们的人进去自己查，随国不答应，吴国没办法，只好撤军回国。

虽然随国的身影在《楚世家》里只出现了三次，但有两次都是楚王或者准楚王落难，随国出手相救，可见楚随关系非同一般。

尽管如此，但随在哪里，随国的文化跟楚文化有怎样的异同，光读《楚世家》还是弄不明白的。

1978 年，在湖北省随县（今随州市）城西的擂鼓墩，

湖北随州擂鼓墩曾侯乙墓出土楚王酓章镈钟　　　　　　　　　　　　酓章镈钟铭文

发现了战国时代的曾侯乙墓，震惊世界。其中有楚王熊章
镈，上面刻有铭文，清晰地记载了"楚王酓章乍（作）曾
侯乙宗彝"，说明它是楚惠王章赠送给曾侯乙的礼物。[6]
三十二年后的 2013 年，也是在随州，经过考古发掘的文
峰塔东周曾侯墓里，发现了带有一百八十多个字的铭文的编
钟，其中记载了吴王伐楚，楚昭王逃亡到曾国的历史。[7]这
两大重要的发现，破解了困惑考古学界和历史学界多年的
疑案，就此可以确证，曾侯所统治的曾国，就是曾在《楚
世家》里三度露脸的随国。早在 20 世纪 70 年代后期，李
学勤先生和武汉大学历史系教授石泉先生就已分别撰文指
出，一个国家有两个名字，在古代不乏例证，像商又称为
殷，楚又称为荆，魏又称为梁，就是证明。[8]

　　曾侯乙墓出土的文物中，蜚声中外的，是一套由
六十五件青铜器组成的三层八组的打击乐器——编钟。20
世纪 70 年代末，我还是一个中学生的时候，看新闻纪录片
介绍曾侯乙墓出土的编钟，感到最为神奇的，是两千四百
多年前的乐器，居然可以奏出当代革命乐曲《东方红》。如
今想来，那样的古器新奏，其中寓意的，就是中国历史的
无法割断吧。

湖北随州擂鼓墩曾侯乙墓出土编钟（选自《随县曾侯乙墓》，文物出版社，1980 年）

《越王句践世家》:

水光剑影里的江南贵族[1]

上两节我们讲了《楚世家》，这一节我们讲《越王句践世家》。

在浙江省绍兴市的东郊，有一处著名的古迹——大禹陵，据说其中埋葬的，就是夏朝的开国帝王兼治水英雄大禹。大禹是否真的葬在大禹陵内，其实是有疑问的。但大禹和古城绍兴有缘，倒是可以找到历史依据：因为绍兴旧称会稽，是古越国都城的所在地；而古越国历史上最有名的君王——句践，按照《越王句践世家》的说法，他的先辈，就是大禹的后裔。

《越王句践世家》的开头，同时又说，句践的先人是"夏后帝少康之庶子"。少康这一名字，我们在《夏本纪》里见过，他是大禹的四世孙；"庶子"指不是大太太所生的

越王句踐世家第十一　史記四十一

越王句踐其先禹之苗裔而夏后帝少康之庶子
也封於會稽以奉守禹之祀文身斷髮披草而
邑焉後二十餘世至於允常允常之時與吳王闔
廬戰而相怨伐允常卒子句踐立是為越王元年
吳王闔廬聞允常死乃興師伐越越王句踐使死
士挑戰三行至吳陳呼而自剄吳師觀之越因襲
擊吳師吳師敗於檇李〔杜預曰吳郡嘉興縣南有檇李城〕射傷吳王闔
闔廬且死告其子夫差曰必毋忘越三年句踐
聞吳王夫差日夜勒兵且以報越越欲先吳未發

儿子。不管是哪位太太所生，算下来，这位句践的先人，是大禹的五世孙，好像是没有问题的。加上他的封国在会稽，职责之一是看守大禹陵园，供奉祭祀，所以把他算作古越国的创建者，好像也没有问题。

至于这位古越国创建者的名字，《史记》里没有记载。不过在东汉人赵晔编写的《吴越春秋》里，已经直接说，少康担心大禹的伟大足迹和宗庙祭祀活动慢慢会灭绝，就把他的这位庶出儿子分封在於越，号曰"无馀"。到了晋朝贺循写的《会稽记》，又有"少康，其少子号曰於越，越国之称始此"的记载。"无馀""於越"文字不同而声音相似，所以这个开国君主的名字，跟国号合二而一，其实是否真名，是很难说的了。可以确定的是，越国的国名"越"，应该就是它们的省略称呼。

越国先民的生活，尚处于蛮荒阶段。《越王句践世家》里有"文身断发，披草莱而邑焉"的说法，正好跟《庄子·逍遥游》里"宋人资章甫而适诸越，越人断发文身，无所用之"相互印证。"文身"是一种在身体上涂绘或刺制花纹的习俗，在古越国当时，应当完全是出于人类自我保护的本能——因为越国地处水乡，个人唯有纹身，才能在水中躲避其他动物的袭击。"断发"的"断"，就是"剪"的意思，因为中原民族当时通行的，是"身体发肤，受之父母，不可毁损"，不能剪头发，所以理发店是没有的；越

浙江绍兴印山考古发现的越国王陵（选自《印山越王陵》，文物出版社，2002 年）

国呢，同样因为是水乡泽国的缘故，通行剪发，所以宋国人"资章甫"也就是购买一种商朝式样的帽子，带到越国去，越国人完全没法用。因为越国人这时还在"披草莱而邑"，也就是处于披开杂草开垦处女地，创建小城镇的初级阶段，还没有什么礼仪制度，自然也就戴不来什么典雅的中原礼帽。

不过，越国传了二十几代，传到春秋时代允常执政的时候，大概是国力稍稍强大一点了，就跟邻居吴国打起仗来。仗还没打出个结果，这允常就死了。王位传给了儿子句践，就是《越王句践世家》的主人公，这时已经明确地称为"越王"了。

1998 年，经过两年的发掘，在位于绍兴兰亭镇的印山，发现了一座 2500 多年前的越国王陵。它的墓坑，是由山顶岩石直接下凿而成的，墓道通长达 100 米，气势恢弘；墓中用长方形巨木架构的三角形剖面的墓室，外面裹了厚达 1 米的木炭，纵长 40 米，形制极为独特。而墓室里面的独木棺，长达 6.1 米，直径 1.15 米，更是举世罕见。考古学界经与文献记载对勘，推测这个王陵很可能就是《越绝书》中记载的"木客大冢"，也就是句践他爸允常的陵墓。[2] 如果这一推测不误，说明句践继位的时代，越国的实力的确已经今非昔比。

《越王句践世家》的主体部分，写的就是实力已经颇为强大的越国，在句践的率领下，跟北方邻国吴国的争斗史。

　　吴国跟句践交手的国家领导人，也不是等闲之辈。先是在《吴太伯世家》里出场过的那位公子光，这时已经叫吴王阖庐了；之后则是老吴王阖庐的儿子，大名鼎鼎的小吴王夫差。

　　故事是从老吴王阖庐听说老越王允常死了开始的。人家刚死了爹，这阖庐动了坏脑筋，欺负小越王句践，发兵攻打越国。没想到聪明反被聪明误，自己反被越国军队射来的箭击中，死了。小吴王夫差接了班，天天就想着报仇雪恨。小越王句践也知道对方的心思，想先发制人，就不听越国智库高参的劝谏，主动出击攻打吴国，结果被同仇敌忾的吴国军队全力反攻，吴王夫差率兵一路追击，追到句践的老巢，把个句践围堵在了会稽山上，最后只能百般求饶，靠动用非正常手段，方得解围。之后的故事，大家都知道了，句践卧薪尝胆，苦等数年，终于等到反攻的机会，长驱直入，灭了吴国。

　　《越王句践世家》的这一主体部分，从现存史料看，它主要的来源是先秦著名国别史《国语》里的《越语》和《吴语》。不过两相比较，可以发现司马迁在撰写《越王句践世家》时，并没有照抄《国语》，而是有所改动和选择的——当然这些改动和选择，应该还依据了其他的书面文献或者口述传说。

所谓改动，主要是削减了《国语》中文字相对比较繁复的部分；而所谓选择，是指尽管《国语》里的有些故事，就新闻性而言非常劲爆，但司马迁并没有直接采用，而是做出了更为合理的选择。

其中最典型的例子，就是句践被吴国打败后，如何跟吴国讲和的过程。我们比较《国语》和《史记》可以发现，《越王句践世家》的内容，是以《国语》的《越语》为主，《吴语》为辅，又整合了其他我们今天已经无法见到的史料而成的。从《越语》到《越王句践世家》，最大的不同，有以下两点——

第一点，按照《国语·越语下》的记录，句践"令大夫种守于国，与范蠡入宦于吴"，"三年，而吴人遣之"。就是说，句践曾经让大夫文种作为临时首脑留守越国，而他跟大臣范蠡一起去吴国做了吴王夫差的臣子，在吴国受教育了三年，才被遣送回国。这样令人震惊的情节，在《越王句践世家》里是只字未见的。

第二点，虽然《国语·越语下》和《越王句践世家》里，开始为句践谋划跟吴国讲和的，都是大臣范蠡，但范蠡在《越语》里说的是："卑辞尊礼，玩好女乐，尊之以名，如此不已，又身与之市"。意思把低声下气的好话，尊贵的礼品，好玩的东西，还有美女，都送给吴王，还别忘了给吴王戴高帽子，往死里吹捧他，如果这样吴王还是不答应，那就把你自己也送上，和他做交易，就是"市"。与此相应，紧接着越国派使节出使吴国，向吴国开出的第一项和谈条件是："请句践女女于王，大夫女女于大夫，士女女于士"，意思是请让我们把越王句践和越国大夫、士人家的女儿都送到吴国去，分别给吴国国王和吴国的大夫、士人做女儿。但是，到了《越王句践世家》里，范蠡只是说："卑辞厚礼以遗之，不许，而身与之市。"其中不再有"玩好女乐"这样的话，在接下来的文字里，也没有"请句践女女于王，大夫女女于大夫，士女女于士"那样的话。

这两点中的第一点，虽然两国交往使用人质，在春秋战国史上是常见的事，但一国之君赴别国做臣子，而且长达三年，则近乎天方夜谭。我想，司马迁肯定是不相信这是史实，才削去不用的。

相比之下，第二点因为涉及女性在历史中的作用，最耐人寻味。司马迁应该是对《国语·越语》中的有关文辞作了简化处理。因为越国一方的建议，就是所谓"请句践女女于王，大夫女女于大夫，士女女于士"，事实上吴国并没有采纳。

有意味的是，后来东汉赵晔编写的《吴越春秋》一书里，写到相同的史事，就杂糅了《国语》和《史记》，而把句践等人讲和方法的重点，放在了向吴王进行性贿赂方面，因此在越国行贿品里，没有宝器，只有美女，并且明确越国奉献的美女有两名，其中一位就是现在家喻户晓的西施。西施的名字，最早就是出现在《吴越春秋》里的。这位传说是浙江诸暨出产的美女，在以后的中国通俗文学史上频繁亮相——《越王句践世家》最后，写到范蠡离开越国，成为发财的陶朱公，就被后来好事的文人拉郎配，在其中加进了西施，让这当日的智慧大臣和低微民女，演起了一出古装的生死恋。其中最著名的，就是明代戏曲家梁辰鱼所作传奇《浣纱记》。

在《越王句践世家》写吴越争霸的部分里，还有两个问题值得注意。一个是水军，一个是持剑自杀。

这里说的"水军"，不是今天我们说的"网络水军"的水军，而是名副其实的水上作战部队。在《越王句践世家》里，写吴王北会诸侯于黄池，吴国国内空虚，越王句践在范蠡的指点下发兵攻打吴国，有"发习流二千人，教士四万人，君子六千人，诸御千人"的说法。习流、教士、君子、诸御，应当是四类不同的军事人员。其中教士指训练有素的士兵，君子指越王所养的亲信武士，诸御指诸位在军队行使管理职权的军官。而"习流"指的是怎样的一种军事人员呢？历来说法不一。

《史记正义》把"发习流二千人",理解为第一批很会打仗的军人死了两千人,这样的说法,从汉语语法上就解释不通;《史记索隐》则将"习流"视为戴罪从军的特殊部队,也只是猜测,没有什么根据。"习流"比较合理的解释,应当是明代学者陈霆说的"士之习水战者",也就是水军。陈霆还引用徐天佑《吴越春秋注》里的说法,推测"习流"也就是潜水部队。[3]这样的说法很有新意,但是否符合史实,仍有待考证。不过越国军队一直善于水战,在古书里面是有不少记载的。吕思勉先生写的《读史札记》一书里,有一则写"古水战",其中引用了《墨子》等书里的史料,涉及越国之师奋战于江河湖海的事迹,有兴趣的读者朋友可以找来看看。[4]

除了水军,《越王句践世家》写吴越争霸的部分里,还不止一次提到用剑自杀,也很引人注目。

第一次是在吴王阖庐出兵攻打越国时,句践派出"死士"也就是敢死队应战,先后排成三行的敢死队成员,行进到吴军阵前,高呼口号,然后集体持剑自杀。第二次是吴王听信太宰嚭的谗言,而赐属镂剑,让忠贞进谏的大臣伍子胥自杀。第三次是越灭吴国后,越王句践向大夫文种赐剑,让他自杀。

无论是越国敢死队持剑自杀,还是越国大夫文种被句践赐剑自杀,抑或吴国名臣伍子胥用吴王所赐属镂剑自杀,

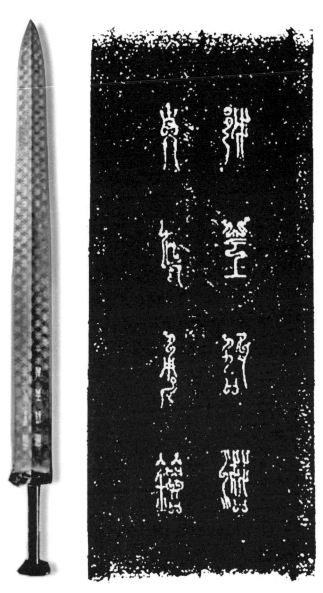

湖北江陵望山一号楚墓出土的越王句践剑，剑身有鸟篆铭文"越王鸠浅，自作用剑"。

一方面说明，吴越两国虽势如水火，而国君残暴，如出一辙；另一方面，也显示了剑这一兵器，在吴越两国使用的广泛性。

吴王夫差赐给伍子胥的属镂剑，是吴国的名剑，在《荀子》里叫"独鹿"，在扬雄《太玄赋》里叫"属娄"，在《广雅》里叫"属鹿"，在《吴越春秋》里叫"属庐"。这些名号，写出来都不一样，但读音都近似，说明当时仅有口头称呼，而并没有在文字上定名。而吴王夫差所用剑，20世纪50年代以来，在湖北襄阳、河南辉县等地古墓中屡有出土，[5]但其中是否有属镂剑，还需要考证。至于越王剑，20世纪60年代以来，经过考古发掘，在湖南、湖北地区相继发现了许多。其中最著名的，是1965年在湖北江陵望山楚墓出土的越王句践剑，剑体刻有"越王鸠浅，自作用剑"八个字，其中的"鸠浅"，据古文字学家唐兰先生考证，就是句践。[6]而有关专家对这些出土的吴越青铜剑的铸造工艺做了深入的研究后发现，2 500多年前，吴越国人已经发明表面合金化技术、青铜复合铸造技术和薄壁同心圆成型技术，[7]这是非常了不起的。

《越王句践世家》对于越国灭吴以后的记载，是相当简略的。但通过描写句践向周元王朝贡，取得传统意义上中央王朝的认可，而受赐胙肉，被命名为"伯"，并一度登上诸侯霸主的宝座，显示了它突破地域性低文明王国的努力，终于开花结果。而在司马迁看来，越国历史之所以能延续如此之久，相当程度上应该归功于大禹的荫庇；或者换个说法，正因为有了大禹，蛮夷之国的越，才获得了成为中国一分子的当然资格。

《郑世家》:

克段的郑伯，何以漏说了金句

　　《史记》的三十世家里，写了很多周朝分封的封国。《郑世家》的主人公们所在的郑国，是这些封国里受封时间最晚的；它的第一代君主郑桓公，姓姬名友，是西周末期周厉王的小儿子，也是周宣王的弟弟。那最初的封地，就是做哥哥的周宣王给的，在王畿近地，地名单独一个字，就叫"郑"。这个"郑"，根据现在的考古发现，在周代都被写作"奠"，就是繁体字的"鄭"，缺了右边的耳朵旁。

　　郑桓公既是周宣王的亲兄弟，也就是周宣王儿子周幽王的亲叔叔，都是自己人，所以幽王就让这叔叔过了把做中央级领导的瘾，当上了司徒——据后来的研究者考证，这个职位，在当时的权力极大，甚至可能可以统领一部分周王朝的军队[1]——不过，做周王的侄儿没把叔叔当外人，做司徒的叔叔却心眼儿忒多。《郑世家》才一开篇，太

113

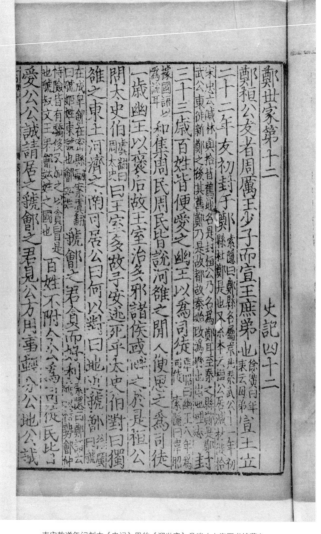

南宋乾道年间刻本《史记》里的《郑世家》卷端（上海图书馆藏）

史公就记了一个郑桓公密谋出逃，远离周幽王的故事。

　　故事是在郑桓公和一位叫太史伯的周太史之间的对话中展开的。因为才做了一年的司徒，郑桓公就发现，周幽王被身边的狐狸精褒姒缠住了，周王室整个儿给人感觉越来越邪门，诸侯当中也有开始造反的，这回正好碰上见多识广的太史伯，他就请教说："咱王室啊，最近麻烦好像特别多，您看，我往哪儿跑才能活命啊？"太史伯应该也是看清了形势，当即就告诉郑桓公："我看只有洛水以东那地方，黄河、济水的南边，可以安家。"说得如此确定，桓公自然要问缘由。太史伯的回复，则让桓公大开眼界。他说："因为那地方靠近虢、郐这两个小国，而虢、郐两国的国君贪财好利，百姓都不跟他们一条心。您呢，自从做了司徒，大伙儿都深深地爱戴您。您要是真的提出来，想上他们那儿去住住，这虢、郐两个国君看您正管着国家大事，可不逮劲儿把各自的土地分一部分送给您。您只要真的去住了，虢、郐两地的百姓，就都是您的子民啦。"就这么一来二去的，郑桓公真的就被太史伯说服了，给周幽王打了东迁的报告，而洛东的那两个小国虢和郐，还果真给郑桓公献上了十邑（也就是十个小城镇）作为见面礼，郑国因此最终在远离周朝王畿的中原地区，扎根立国，国名还是叫"郑"。后人为了区别于先前位于西边的郑，就把新的郑国所在地，称为新郑。今天河南新郑的地名，就是这样来的。

郑桓公因为跟太史伯的一番私密讨论，就为自己的封国开辟出一片新天地，这故事当然不是司马迁编出来的，它来源于著名的先秦史书《国语》。《国语》里有一卷《郑语》，从头到尾记的，就是已经做上周司徒的郑桓公跟史伯的对话，而对话的目标，就是如何逃离看起来靠不住的周王室。当然，司马迁在《史记》的《郑世家》里，对《国语·郑语》所记，并没有做简单的文抄公，而是作了大幅度的缩减，因此《国语·郑语》里记的一些足够劲爆的八卦，并没有反映在《郑世家》里。比如关于郑桓公跟虢、郐两国打交道的方式，据《国语》说，郑桓公在听了史伯的分析后，"乃东寄帑与贿，虢、郐受之，十邑皆有寄地"。所谓"帑"就是钱，所谓"寄地"就是暂存的土地。所以按照《国语·郑语》的记录，这郑桓公为了东迁，是使出了行贿大招的。而公然受贿的虢、郐两国国君，也没有《史记·郑世家》所记那么大方，直接奉献十邑，而只是在那十个小城镇里，都为身为中央大员的郑桓公留了地而已。而据三国时代为《国语》作注释的韦昭说，把十邑全都据为己有，是郑桓公的儿子郑武公干的活儿，新郑也是从郑武公时才有的。

《史记》的《郑世家》，除了跟它前面的史书《国语》有如此既紧密又有所区别的关联，还跟另一种先秦史书有更多的关系，那就是《左传》。正如许多《史记》注本已经指出的，《史记·郑世家》所记郑桓公以后的郑国史，大部分都能从《左传》里依稀分辨出它们的底本或类似样貌。不过，太史公对于《左传》及相似史料的采用，还是花过一番裁剪的功夫，其中有些是很耐人寻味的。

我们就以中学教科书里出现过的那个有名的故事"郑伯克段于鄢"为例，看看《郑世家》所记，跟它可能的底本《左传》所记，有怎样微妙的差异。

郑伯克段于鄢，说的是郑武公娶申侯的女儿武姜做太太，武姜给郑武公生了两个儿子，寤生和叔段。太子照规矩自然是大儿子寤生，但当妈的武姜，却喜欢小儿子叔段，一心要小儿子做接班人，武公没答应，结果等到武公死了，大儿子寤生继位做了郑庄公，麻烦就来了。

说是庄公继位当年，就把弟弟叔段封到一个叫"京"的地方，号称"太叔"。"太"在先秦语境里也就是"大"，所以在《左传》里，就把叔段称为"京城大叔"（一听这名号，就是很拽的样子，是不是？），而郑庄公手下的一位大臣祭仲，却感到了不安。他对庄公说："京这地界，比咱新郑这国都还要大，真不太合适封给像你弟弟这样的普通亲戚。"庄公很无奈，说："我那老娘武姜一定要给，我也不敢夺下不给啊。"

叔段得到了京地，也没闲着，整日里鼓捣军事装备，训练部队，跟他老娘武姜图谋袭击新郑。这样练啊练，谋啊谋，经过了整整二十二年，叔段最终出手了，而袭击新郑的内应，正是他娘武姜。庄公自然发兵反击。叔段打不夏四月，費伯帥師城郎，不書，非公命也。

初，鄭武公娶于申，曰武姜，生莊公及共叔段。莊公寤生，驚姜氏，故名曰寤生，遂惡之。愛共叔段，欲立之。亟請於武公，公弗許。及莊公即位，為之請制。公曰：制，巖邑也，虢叔死焉，他邑唯命。請京，使居之，謂之京城大叔。祭仲曰：都城過百雉，國之害也。先王之制，大都不過參國之一……

赢，就跑回了京地老巢。庄公则继续讨伐京地，这时京当地发生了反叛叔段的事件，搞得叔段很没面子，只能离家出走，跑到一个叫鄢的地方。郑庄公继续追击，鄢也保不住，叔段只好再次出逃，去了共国。庄公摆平了老弟，也没放过他那位偏心的老娘，一气之下把武姜赶出新郑，送去一个叫城颍地方养老，并发誓说："这辈子不到黄泉，咱母子就别再见了。"不过只过了一年多，想想毕竟是自己亲妈，就又后悔了。这时正好颍谷地方有位叫考叔的名流来首都给郑庄公送礼，庄公就请他吃顿便饭。席间这颍考叔话里有话道："卑臣还有母亲，请大王把吃的也赐给臣下的母亲吧。"庄公一听，当然明白啊，就对颍考叔直言相告："我很想念我老娘，但又讨厌自己说话不算数，这该怎么办？"颍考叔真聪明啊，一听有戏，马上回说："这简单啊，您挖地道，挖到黄泉那块儿，不就跟老夫人见上面了。"郑庄公从善如流，果真挖起了地道，如愿见到了他亲娘。

如果我们比较一下今本《左传》鲁隐公元年（前722年）所记的同样故事，会发现太史公如果是以《左传》的这部分为蓝本，来写这则郑伯克段于鄢的故事，那肯定是跟前述他利用《国语·郑语》一样，采取了缩减的方式。比如叔段在得到京作为封地的前后，还要求过一个叫"制"的地方和郑国的西部跟北部边疆作为自己的新地盘，对于前者——制，庄公拒绝了，而对于后者，尽管有另一位心腹公子吕反对，庄公权衡之后还是给了，这些都不见于

《史记》的《郑世家》。不过，也有些变化，乍一看是比较难解释的。像《左传》记庄公反击叔段前说的名言"多行不义必自毙"，还有庄公跟母亲武姜掘地道重逢后赋词里面的"其乐也融融"，今天都已经成为大家耳熟能详的成语。而我们都知道，《史记》对于前代文献里的嘉言名句是很在意的，多有保留。然而现实的情形却是，《史记·郑世家》所记郑伯克段于鄢的故事里，"多行不义必自毙""其乐也融融"这两句金句，连影子也见不到。

这是为什么呢？

讨巧的回答，可以有下两个，一个是司马迁当时看到的《左传》版本，跟流传到今天的版本可能不同；再一个是也许司马迁在《郑世家》里用的，是另一种跟《左传》类似的史料，正好那两句金句都没有。但这样的回答，没有多少的实际意义，因为找不到实证。而从太史公对于《左传》的重视来说，我更愿意相信，司马迁在编纂《郑世家》时，是知道当时的《左传》或类似史料里，存在那两句金句及其前因后续的，但他因为某种特殊的缘由，没有采用。

我们之所以做那样的推测，是因为《左传》在解释《春秋》"郑伯克段于鄢"的用词时，已经注意到《春秋》对"郑伯"也就是郑庄公反击兄弟叔段的做法，不无微词。[2]而《左传》所记，在后来研究者看去，反映的是对郑庄公一再给亲弟弟挖坑的史实。在那样的情境中，郑庄公大义凛然地说叔段"多行不义必自毙",就形成了一种强烈的反讽,更多显现的,是郑庄公的阴险。至于"其乐也融融",看看之前武姜和郑庄公这对母子为王位问题而展开的殊死搏斗,不说它是个天大的讽刺,恐怕宋国人民都不会答应。

　　司马迁在书写郑国历史时,最看得上的郑国国君,大概非郑庄公莫属,因为郑庄公领导的郑国,是整个郑国史上最强盛也最耀眼的时刻。但作为尊重历史的现实的历史学家,他又不能不承认,正是这位郑庄公,有过诸如不朝拜周王,跟王家部队直接开打并大败王师之类的惊世骇俗之举。他的部下用箭射伤了周桓王手臂,甚至骄傲到要求继续追击周王,幸好郑庄公此时还知道舆论的厉害,说:"冒犯尊长者都会被责难,更何况欺凌天子呢!"及时地制止了部下进一步的冒失举动。从呈现历史真实的角度,司马迁只能客观地把它们保留在《史记》里,同时小心翼翼地避开那些容易引发争议的文辞。

《郑世家》

　　从篇章组织的角度讲,《史记》的这篇《郑世家》,写得最有价值的,是整体上呈现一种从波峰到谷底的戏剧性转折。在写了郑庄公视周王为玩物,高调显摆之后,接着写的,是郑国南北两面受敌,在晋楚两个大国的夹缝中艰难生存的实际状态。虽然主要依据的史料仍然是《左传》,但经过排比罗列的文字逐步推进,郑国后期像墙头草一般长歪了的生命线,就都形象地展示了出来:它一会儿靠着

121

晋国，跟楚国交恶，一会儿又反过来投奔楚国，跟晋国开打。朝晋暮楚，最终走上了被吞并的不归路，而吞并它的，是它的近邻、三家分晋后的韩国。韩国甚至把自己的国都，也迁到了原本的郑国首都新郑。河南新郑考古发现的两周古城遗址，因此也被称为郑韩故城。[3]

司马迁虽然好游历，去过不少春秋战国时期的都城，但他更感兴趣的，是历史巨变背后的人，以及这各各不同的人所呈现的人性最幽微之处。在这篇《郑世家》最后的"太史公曰"里，他引俗话作开场，说："以权利合者，权利尽而交疏。"其中的"权利"，当然跟我们今天常说的个人权利不同，而是指权势跟利益两者。因此这句俗话说的是：凡是因为权势和利益而合伙干事的，当权势和利益用完了，人跟人之间的交情，也就疏远了。司马迁还特意举了前面《郑世家》正文里的例子，就是郑大夫甫假（一作甫瑕）。因为卷入郑子和郑厉公争夺郑国最高权力的血腥游戏，帮助郑厉公杀死郑子的甫假，到头来不得善终，被厉公以"事君有二心"为由而诛杀。故而这段太史公曰最后所谓"变所从来，亦多故矣"，表面的意思，大致是说，所有的变化，若寻根探源，都是有很多原因造成的。而结合郑国多变的历史看，太史公更想表达的也许是：真正最多变的，其实还是人。

赵、魏、韩三《世家》:

史实之间，为什么要插一段虚构的故事

上一节我们讲了《郑世家》，这一节我们讲《赵世家》《魏世家》和《韩世家》。

我一提三篇世家的名称，读者朋友一定会问：你为什么要把《赵世家》《魏世家》和《韩世家》三篇，放在一起讲？

因为这三家，赵、魏、韩，原本是一家，都属于中原土豪——晋国，他们的主人，原本都是给土豪国君打工的。后来三家依仗各自的势力，强强联合，先把跟自己差不多吨位的晋国的其他三个大户——范氏、中行氏、智氏，先后搞倒，然后把主人家晋国也搞倒，还打土豪，分田地，分了主人的田地和家产，各占一份，自己过小日子了，这就是三家分晋。

趙氏之先，與秦共祖。至中衍，為帝大戊御。其後世蜚廉有子二人，而命其一子曰惡來，事紂，為周所殺，其後為秦。惡來弟曰季勝，其後為趙。季勝生孟增。孟增幸於周成王，是為宅皋狼。皋狼生衡父，衡父生造父。造父幸於周繆王。造父取驥之乘匹，與桃林盜驪、驊騮、綠耳，獻之繆王。繆王使造父御，西巡狩，見西王母，樂之忘歸。而徐偃王反，繆王日馳千里馬，攻徐偃王，大破之。乃賜造父以趙城，由此為趙氏。

自造父已下六世至奄父，曰公仲，周宣王時伐戎，為御。及千畝戰，奄父脫宣王。奄父生叔帶。叔帶之時，周幽王無道，去周如晉，事晉文侯，始建趙氏于晉國。自

影印蒙古中統二年刻本《史記》裏的《趙世家》卷端（選自《中華再造善本》）

三家分晋之后，三家就反客为主，自己做主人了。而三家的关系，也发生了革命性的改变，原先的三方合作，变成三家争斗。时不时地，还有东边的齐国和南边的楚国来掺和，最后是西边的秦国趁虚而入，各个击破，三晋大地，尽数归入了秦国的囊中。

　　因为《赵世家》《魏世家》和《韩世家》记录了三家这般合而分、又分而合的复杂过程，所以我把它们放在一起讲，有对比和照应，也许更好些。

　　那么，接下来的第二个问题就是，《史记》的《赵世家》《魏世家》和《韩世家》三篇，是依据什么样的史料编写而成的？

　　这个比较复杂。因为三篇的来源各有不同。到目前为止，研究得最多的，是《赵世家》。

　　日本有一位学者叫藤田胜久，曾对《史记》的几篇重要世家的史料来源做过深入的研究。他的结论是，《赵世家》战国以前的部分，主要是根据传世的世系资料、《左传》和传说编写而成；《赵世家》战国以后的部分，在世系和系年方面，依据的可能并不是《史记》里常用的秦记，而是来源于赵国首都邯郸的第一手史料。而《赵世家》里出现的某些纪年，跟《史记》其他有关篇章的记录相比，会有一年的差异，可能也不是写错了，而是因为赵国当时

TCHAO CHI COU ELL,
ou
LE PETIT ORPHELIN
DE LA MAISON DE TCHAO:

TRAGEDIE CHINOISE.

SIÉ TSEE,
OU PROLOGUE·

SCENE PREMIERE.

TOU NGAN COU, *seul.*

'HOMME ne songe point à faire du mal au Tigre , mais le Tigre ne pense qu'à faire du mal à l'Homme. Si on ne se contente à tems, on s'en repent. Je suis *Tou ngan cou*, premier Ministre de la *Guerre* dans le Royaume de *Tsin*. Le Roy *Ling cong* mon Maître avoit deux hommes, ausquels il se sioit sans réserve ; l'un pour gouverner le Peuple, c'est *Tchao tun* ; l'autre pour gouverner l'Armée, c'est moi ; nos Charges nous ont rendus ennemis : j'ai toûjours eu envie de perdre *Tchao*, mais je ne pouvois en venir à bout. *T'chao so* fils de *Tun* avoit épousé la fille du Roy, j'avois donné ordre à un assassin de prendre un poignard , d'escalader la muraille du Palais de *Tchao tun*, & de le tuer. Ce malheureux en voulant exécuter mes ordres , se brisa la tête contre un arbre , & se tua. Un jour *Tchao tun* sortit pour aller animer les Laboureurs au travail, il trouva sous un

Tome III.   Ssss

18世纪法国马若瑟翻译的法文版《赵氏孤儿》（收入杜赫德编《中华帝国志》第3卷）

所用的历法，跟秦国不同，不是以十月为岁首的。[1]

但《赵世家》也是引起争论最多的《史记》世家篇章，而争论的焦点，集中在著名的赵氏孤儿的故事。

赵氏孤儿的故事，我想大家都熟悉。《赵世家》记录的情节，是晋景公时期的大夫屠岸贾，追究《晋世家》里讲过的那位"赵盾弑其君"的大臣家族的责任，对赵氏实施灭族政策，赵盾的儿子赵朔，在一个叫下宫的地方被害。赵朔死的时候，他太太已经怀了孩子。孩子生下来以后，赵朔的门客公孙杵臼和朋友程婴，设计了个调包加假告密的计谋，先由公孙带着假赵氏孤儿自我牺牲，再由程婴带着真赵氏孤儿拼死隐藏，最终在晋景公晚年反败为胜，不仅灭了屠岸贾家族，还让成年后的赵氏孤儿赵武，重新获得赵氏宗族的田地城池。事成之后，程婴为了报答九泉之下的主人和老友，也自杀了。

赵氏孤儿的故事，不仅在中国家喻户晓，18世纪还传入欧洲，为西方所知。[2]而《赵世家》有关的文字，就是现在我们可以找到的这个故事的最早记录。不过，清代以来，不止一位学者研究《赵世家》里记载的这个故事，得出的结论却是：它是虚构的，不真实的。

为什么呢？清代乾嘉学派的代表人物赵翼，在他写的《陔余丛考》一书里，对此事做过详细的考证。简单地说，主要有三个方面的证据，证明赵氏孤儿的故事不是历史事实：第一，屠岸贾这个人是突然出现的，而且地位不高，却可以随便杀晋国大臣，很可疑；第二，赵氏孤儿赵武，在《左传》里出现过，但并不是赵朔的遗腹子，而是赵朔活着的时候就生下来的；第三，公孙杵臼和程婴，在历史文献中，都是来无影去无踪的人物。[3]

赵翼的考证很有逻辑，可谓滴水不漏。但他说太史公是"好奇之过"，才把这么个虚构的故事塞进《赵世家》，却似乎总有点儿牵强。

首先值得注意的是，在《晋世家》里，太史公记了有关赵氏孤儿赵武被发现而恢复田邑的史事，却对那个极富戏剧性的赵氏孤儿故事只字未提，当然也见不到屠岸贾、公孙杵臼和程婴的名字。从《赵世家》的纪事顺次看，赵氏孤儿故事出现之前和之后的史事，大都可以在《左传》等传世文献里找到源头。也就是说，太史公在写《赵世家》时，其实是知道那些有更明确的史料来源的有关赵武的记录的，但他就是不用，而坚持要用这个很可能他也知道并非史实的赵氏孤儿故事。

为什么要这样做呢？难道果真如日本的另一位著名的《史记》研究专家宫崎市定所说，在史料方面，面对新奇的故事，司马迁是个很容易上当的人吗？[4]

这里涉及第二个值得注意的问题，就是这个赵氏孤儿的故事，究竟来自哪里？这篇《赵世家》，究竟是谁主笔写的？

顾颉刚是中国最早对《赵世家》的主笔者做过研究的

历史学者。在他写的《史林杂识初编》一书里，收了一篇题为《司马谈作史》的论文，文中指出，《赵世家》里记载的很多奇特好玩、匪夷所思的故事，比如造父给巡游四海的周穆王当马车司机，比如赵简子做梦，梦见上帝送给他一条外国狗，又比如赵武灵王梦见处女弹琴唱歌，当然还包括赵氏孤儿故事，等等，诸如此类，不见于一般的春秋战国文献的故事，都应该是司马迁他爸司马谈，从自己的好朋友——"冯唐易老"的那个冯唐的儿子冯王孙那里听来的。因为《赵世家》最后的"太史公曰"开头，就有"吾闻之冯王孙"怎么怎么的话，而从年辈上推算，这里的太史公，不可能是司马迁，只能是司马谈。

因此，我想除了保留难得的有关赵国史的传闻，司马迁在为《史记》统稿时，最后让赵氏孤儿这个可能并不真实的故事，留在《赵世家》里，也有一点保留他父亲遗墨的意思吧。当然，其中应该还有更深的意味，我们留到最后再说。

相比之下，《魏世家》和《韩世家》的史料来源似乎都要明确简单些。

我们先说《魏世家》。《魏世家》的编纂，主要依据是《左传》《国语》《国策》，此外也用到了《孟子》和《吕氏春秋》。

魏之先畢公高之後也畢公高與周同姓武王之伐紂而高封於畢於是為畢姓其後絕封為庶人或在中國或在夷狄其苗裔曰畢萬事晉獻公獻公之十六年趙夙為御畢萬為右以伐霍耿魏滅之以耿封趙夙以魏封畢萬為大夫卜偃曰畢萬之後必大矣萬滿數也魏大名也以是始賞天必矣天子曰兆民諸侯曰萬民今命之大以從滿數其必有眾初畢萬卜事晉遇屯之比辛廖占之曰吉屯固比入吉孰大焉其必蕃昌畢萬封十一年晉獻公卒四子爭更立而畢萬之世彌大從其國名為魏氏生武子魏武子以魏諸子事晉公子重耳晉獻公之二十一年武子從重耳出亡十九年反重耳立為晉文公而令魏武子襲魏氏之後封列為大夫治於魏生悼子魏悼子徙治霍

影印蒙古中統二年刻本《史記》里的《魏世家》卷端（选自《中华再造善本》）

以这些史料为基础,《魏世家》所呈现的魏国大事,在三家分晋之前,最耀眼的是魏文侯的故事。而魏文侯故事里特别引人注目的,是他对于人才的尊重。

魏文侯时代,出现在《魏世家》的人才,有子夏、段干木、田子方和吴起。据说魏文侯"受子夏经艺",也就是在儒家经典的学习方面,拜子夏为师。又说:"客段干木,过其闾,未尝不轼也。"意思是请段干木来做自己的客卿,每次经过段干木住的小区,都在专车上起身站立,扶着车前的横木,深情地向段干木住的地方行注目礼。顺便说一下,这个"轼"字,在古籍里也写作"式",是指车前的横木。而宋代文学家苏轼,字子瞻,这个"子瞻"的意思,就是源自魏文侯敬段干木的这一则典故。

魏文侯看中的人才里,还有一个叫李克的门客,特别能说金句,像"家贫则思良妻,国乱则思良相",就出自这位李先生之口。当文侯问李克:"咱们的丞相,目前有两个人选,一个是我弟弟魏成子,另一个是翟璜,您看我们选谁好啊?"这位李克巧妙地避开了对具体人选的讨论,而教给文侯一套很实用的选人办法,就是著名的"五视法"。他说:

居视其所亲,富视其所与,达视其所举,穷视其所不为,贫视其所不取。五者足以定之矣,何待克哉。

意思是平常时候看他亲近谁，富了看他拿什么东西给人，发达了看他举荐什么人，落难时看他不做什么，贫困时看他不拿什么，这五个方面，足可以判断一个人了，哪里还需要我李克来说啊。

　　三家分晋之后，《魏世家》里所记的魏国大事，集中在魏惠王时期。其中写了齐国的孙膑围魏救赵，败魏桂陵。也写了著名的马陵之战，齐虏魏太子申，杀魏将军庞涓。这些故事的来源，是《战国策》的《魏策》一系的史料。不过，战国时代的军事家里，有一位叫孙膑的，跟写《孙子兵法》孙武不是同一个人，以前很多人不知道。一般认为先秦军事家里，只有一个孙子。直到 1972 年，在山东临沂的银雀山汉墓里，同时出土了《孙子兵法》和《孙膑兵法》的竹简本，孙膑实有其人，才被学界普遍接受。

　　《魏世家》写梁惠王，还写到了孟子见惠王，劝说他"君不可以言利"。这显然是用了先秦儒家典籍《孟子》里的记载。《孟子》里的惠王，不叫魏惠王，而称为梁惠王，这是因为魏国最初的首都在安邑，后来从安邑迁都到了大梁，所以魏王在人们的口中也变成了梁王。而魏国之所以要迁都，是因为安邑靠秦国太近，容易受到攻击。但即便迁都到了大梁，秦国最后还是用灌水的办法，冲垮魏都城墙，俘虏魏国末代国王假，把魏给灭了。魏国的末路情节，司马迁之所以能写得如此详细生动，我们看《魏世家》最

山东临沂银雀山汉墓竹简《孙子兵法》（选自《银雀山汉墓竹简（壹）》，文物出版社，1985 年）

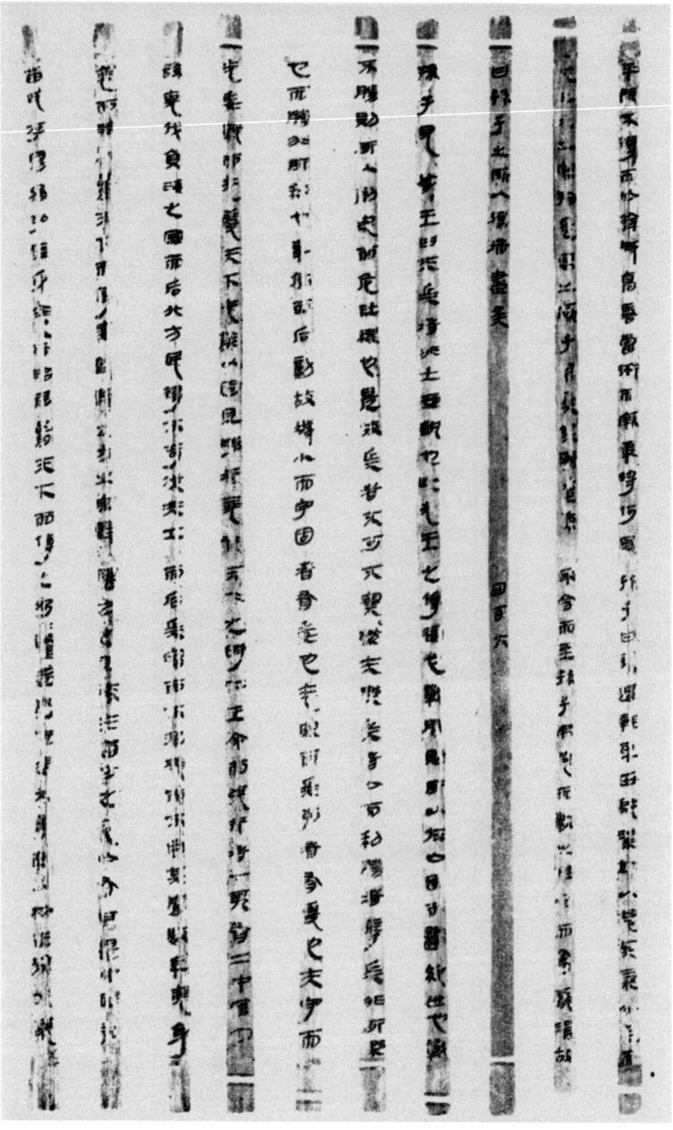

山东临沂银雀山汉墓竹简《孙膑兵法》(选自《银雀山汉墓竹简(壹)》，文物出版社，1985年)

后的"太史公曰"可以知道，那是因为他曾亲赴大梁，在已成废墟的魏国故都采访过。

我们再看《韩世家》。《韩世家》在赵、魏、韩三篇世家里，篇幅最短，所用史料也最有限。

但是，耐人寻味的是，在《韩世家》的前半部分，也就是三家分晋之前，跟《赵世家》一样，其中有赵氏孤儿的故事。尤其值得注意的是，《韩世家》在写了韩国先祖韩厥当年不站队在屠岸贾一边，而帮助赵朔逃亡的情节之后，又在最后的"太史公曰"部分，说："韩厥之感晋景公，绍赵之孤子武，以成程婴、公孙杵臼之义，此天下之阴德也。"并把韩能够跟赵、魏两家一起当诸侯、延续十多世，归结为韩厥的功劳。而《太史公自序》里为《韩世家》写提要，开头就说"韩厥阴德，赵武攸兴"，也是同样的意思。

三家分晋之后，《韩世家》里写到了郑国和韩国的关系，韩灭郑，并把首都都迁到了原来是郑国首都的新郑。不过像《魏世家》曾提到，魏安釐王十二年，信陵君无忌说"今韩氏以一女子奉一弱主"，就不见于《韩世家》记载。从时间上看，信陵君所谓的弱主，应该是《韩世家》里出现过的韩国末代君王韩王安的父亲桓惠王。

好在《韩世家》记录不够详细的部分，今天已经被考古发现弥补了。自20世纪90年代以来，在河南新郑的郑韩故城遗址的周边地区，相继发现了战国时期韩国的九世

韓世家第十五

韓之先與周同姓，姓姬氏，其後苗裔事晉，得封於韓原，曰韓武子。武子後三世有韓厥，從封姓為韓氏。

韓厥，晉景公之三年，晉司寇屠岸賈將作亂，誅靈公之賊趙盾。趙盾已死矣，欲誅其子趙朔。韓厥止賈，賈不聽。厥告趙朔令亡。朔曰：「子必能不絕趙祀，死不恨矣。」韓厥許之。及賈誅趙氏，厥稱疾不出。程嬰、公孫杵臼之藏趙孤趙武也，韓厥知之。景公十一年，厥與郤克將兵八百乘伐齊，敗齊頃公，獲逢丑父。於是晉作六卿，而韓厥在一卿之位，號為獻子。

晉景公十七年，病，卜大業之不遂者為祟。韓厥稱趙成季之功，今後無祀，以感景公。景公問曰：「尚有世乎？」厥於是言趙武，而復與故趙

影印蒙古中統二年刻本《史記》里的《韓世家》卷端（選自《中華再造善本》）

侯王陵墓群，共计十一处、二十八座陵寝。其中的胡庄大墓，考古发现有三重的地下围墙，棺椁的外形是前所未见的带有三角斜坡屋顶的式样，车马坑出土的车具也颇为讲究，墓主人据说很可能就是韩桓惠王。[5]可见虽然是个弱弱的主子，讲排场的风气一如既往。

最后我想特别说明的是，无论是司马谈还是司马迁，撰写赵、魏、韩三篇世家时，整体上遇到的史料缺乏的问题，是超乎我们想象的。由于赵国是秦始皇的母家，邯郸方面的史料，因此部分避免了焚书之灾，在六国中比其他五国的史料保存得相对较多，是《赵世家》得以比《魏世家》《韩世家》篇幅更长，内容更丰富的前提。但《赵世家》和《韩世家》把真实性存在明显疑问的赵氏孤儿的故事，都放在了显著的位置，理由却不在史料的多寡，而是故事本身的指向。在一个价值观混乱、政局极度不稳的时代里，具体的君王和国家其实都已经难以成为个人切实的依靠，支撑个人行为的最重要的价值指向是什么？太史公父子通过叙事表达了他们的意见，那就是：超越眼前利益，看得更远一点，积德行义，历史会在你的身后，按照你所期待的样子前进。

《孔子世家》:

《论语》里看不到的圣人事迹

这一卷的最后,我们要来讲讲《史记》三十世家上半部分里最独特的一篇——《孔子世家》,取的角度,是跟《论语》做一点比较。

司马迁写《孔子世家》时所依据的史料,大部分是清楚的,主要有《论语》和《春秋》三传,同时也用到了子书中的《孟子》《荀子》,以及跟现在还能看到的《孔子家语》有关的早期的孔子故事集。

《孔子世家》因为是只写孔子一支的,所以结构上相对而言比较简单明晰。它是由一个主要块面,加一个附录,再加一段结语组成的。主要块面,就是孔子本人的生平事迹;附录,是从孔子的儿子孔鲤起,到司马迁身处的西汉

孔子世家第十七　索隱曰致化之主吾之師也為帝王之儀表示人倫之準之者自子思以下代有哲人繼世象賢誠可係家者以是聖人為教化之主又代有諸侯之位而亦稱係家焉

史記四十七

孔子生魯昌平鄉陬邑　徐廣曰陬音騶　孔安國曰陬孔子父叔梁紇所治邑　索隱家語孔子生魯昌平鄉陬邑

其先宋人也曰孔防叔　索隱家語孔子之先宋微子之後襄公生弗父何弗父何生宋父周世生世子勝勝生正考父考父生孔父嘉五世親盡別為公族姓孔氏孔父生木金父金父生睪夷睪夷生防叔畏華氏之逼而奔魯故孔氏為魯人

防叔生伯夏伯夏生叔梁紇　索隱家語孔子生昌平鄉陬邑孟皮孟皮病足

紇與顏氏女野合而生孔子　索隱家語云叔梁紇娶魯之施氏女生九女其妾生孟皮孟皮病足乃求婚於顏氏徵在從父命為婚其文甚明今此云野合者蓋謂梁紇老而徵在少非當壯室初笄之禮故云野合謂不合禮儀故論語云野哉由也先進於禮樂野人也皆言野者是不合禮耳

禱於尼丘得孔子魯襄公二十二年而孔子生　索隱公羊傳襄公二十一年有十一月庚子孔子生今以為二十二年蓋以周正十一月屬明年故也後序孔子卒七十二歲每一歲輒一歲也生

而首上圩頂　索隱曰圩音烏頂音鼎言頂上窳也故孔子頂如反宇反宇者若屋宇之反中低而四傍高也故孔子

影印南宋乾道年間刻本《史記》裏的《孔子世家》卷端（選自《中華再造善本》）

前期为止，孔子后代的简单系谱；最后的结语，就是著名的"太史公曰"。

《孔子世家》的那个主要块面，大致又可以分为四个部分：一头一尾，分别写孔子的生和孔子的死，中间再分成两个部分，前一部分主要写仕，就是孔子做官或者求官的经历；后一部分主要写学，就是孔子从事学术研究和教育工作的主要贡献。

跟大家熟悉的《论语》相比，《孔子世家》里的孔子，不仅个人履历更清楚，而且一生故事多多，充满了戏剧性和紧张感。

比如《孔子世家》的开头，写孔子的出生，最劲爆的，是说孔子是他爸叔梁纥和他妈一位姓颜的女子"野合"而生的。"野合而生"的孩子，用现在的话说就是私生子了。这让后来的道学家很是难堪，所以历史上不断有人出来，用自己认为正确的方式解释这个"野合"。比如写《史记索隐》的司马贞，就说因为孔子的爹妈是老夫少妻，不合礼仪，这就叫野合。这说法后来很是被人嘲笑。当然也有不少学者，从文献本身出发，实事求是地讲这个故事。最近的一次，就是复旦大学历史学系的朱维铮教授，在一次讲座上介绍了《史记》的这一记载。遗憾的是，因为被个别

先聖別像

明人拟想的孔子像

不读书的新闻记者"爆炒"，还引起了争议。[1]

不过同样是在《孔子世家》的第一部分，孔子也有可以傲人的一面，那就是他的身高。据《孔子世家》说，孔子有"九尺六寸"，被当时人称为"长人"。这个九尺六寸，如果按司马迁所在的西汉的度量衡算，汉尺一尺相当于今天的23.1厘米，那孔子就是2.21米的巨人了，这有点令人难以置信。所以很早就有学者指出，这里的"九尺六寸"，应该按孔子生活的周朝的度量衡算，周尺一尺，是今天的19厘米左右。所以孔子的身高，应该是1.9米左右。近年江西南昌汉海昏侯墓出土了一件孔子像衣镜，背面写有文字，与《孔子世家》颇多相似，其中也记录的孔子身高，也是"九尺六寸"。[2]可见孔子是个大高个儿，是绝对没有问题的。

《孔子世家》里记录孔子仕宦游历的部分篇幅最大。主要记录了孔子早年在鲁国从政，因鲁国当局的漠视，导致他离开而周游列国，到处碰壁，晚年又应邀回归鲁国，却依旧难以实现个人政治抱负，这样一个曲折的过程。

在这一曲折过程中，《孔子世家》里的记录，大多数有据可查。但也有一些内容不见于今本的《论语》，而且争议不断。其中最著名的，就是孔子当年在鲁国做司寇时，诛杀鲁国大夫少正卯的故事。

说是鲁定公十四年（前496年），孔子五十六岁，迎来他仕途的巅峰，不光当上了大司寇，也就是鲁国的高等法院院长，还兼了代总理的职位。高兴啊，不禁喜形于色。他的一个学生看到了，就跟他说："老师啊，我听说君子都是面临灾祸无所畏惧，有福降临也不喜形于色的。"意思是老师您是不是开心过头了啊。孔子到底是老师，回答说："是有你这一说。不过你没有听说过这样的话吗，叫'要享受那种即使地位显贵、依旧能放低身段的乐趣'。"但接着，他就把扰乱政局的鲁国大夫少正卯给判了死刑。据说他治理国家政务不过三个月，鲁国就展现出一派新气象：卖猪卖羊的都不乱标价了，男人和女人走路也不混在一条道上了，还路不拾遗，各地的客人来都城，都不用专门通关系找领导了，什么事都一个窗口办，办完了马上可以回家。

这个故事里，引起最大争议的，就是孔子"诛鲁大夫乱政者少正卯"一句。而从现存史料看，孔子诛杀少正卯，早在先秦儒家经典《荀子》的《宥坐》篇里已经有记载了。那故事，也有一个学生跟老师问答的外包装，只不过学生提问的时候，据说孔子当代总理才七天，却已经把少正卯给干掉了，所以学生的问题也相当尖锐，说："那个少正卯啊，是鲁国的网红啊。老师您才上位，就杀了他，是不是太冒失了？"《荀子》里的这位孔子，则比《史记》里的更大气，上来就跟学生说："你坐下，我一五一十告诉你原

《孔子世家》

因。"接着就从五个方面，把少正卯如何坏到极点，都一一罗列了。他这一罗列，麻烦就来了，后代的不少学者，就从《荀子·宥坐》篇里孔子给少正卯开列的罪名，找到了辨伪的证据，说那样以非事实性的行为来定罪，咱们孔夫子是绝对不会做的，所以《孔子世家》里记的孔子诛杀少正卯的故事，一定是假的。

不过，如果我们心平气和地比较一下《史记》的《孔子世家》和《荀子》的《宥坐》篇，会发现两个文本中，只有诛少正卯这一点相同，其他无一相同。而且《孔子世家》里给予少正卯的定性语"乱政者"，《荀子》里也是没有的。因此，像有人说司马迁是把《荀子》里的那位孔子罗列的少正卯五大罪名都删去了，再写进《孔子世家》，恐怕是没有根据的猜测。更可能的情况是，司马迁所根据的，并不只有《荀子》，而是包含了现在已经失传的多种文献。而事实上到西汉前期为止，文献里记载了孔子诛少正卯一事的，也并不只有《荀子》一家。[3]

《孔子世家》里不仅有孔子诛少正卯这样的开杀戒的故事，还有孔子被追杀的故事。那是他周游列国时，在宋国碰上的倒霉事。

当时孔子正在一棵大树下面开课，跟弟子们一起研习礼仪，冷不丁出来个宋国的司马，叫桓魋，一心要杀了孔子，还连根拔起了那棵大树。孔子当然得离开了。但大概是跑得不够快，学生们就对他说："老师咱们还是赶紧走吧。"孔子却很淡定，说："天生德于予，桓魋其如予何。"意思是上天已经赋予我道德的使命，这桓魋能拿我怎么样！

　　我们读今本的《论语》，会发现这个孔子被追杀的故事里，孔子说话之前的情节，今本《论语》里是都没有的，只有孔子说的"天生德于予，桓魋其如予何"，见于今本《论语》的《述而》篇。因此，单看《论语》的这一则，其实你是根本看不懂的。所以后来为《论语》做注解的，大都要引用《孔子世家》的这个故事，才能说清楚《论语》里这句"子曰"的真实意思是什么。

　　那么，司马迁所记的这个相对完整故事，来源于何处呢？

　　我们知道，今本《论语》是汉朝一位叫张禹的学者整理而成的，张禹的时代要晚于司马迁，所以张禹的这个整理本，司马迁肯定没有见过。但是，司马迁的时代，《论语》至少有三个系统的版本存世，就是出自孔安国的古文《论语》，和分别由齐鲁两地儒家老师传授的《鲁论语》《齐论语》。这些不同系统的本子，除了在《论语》各篇各条的编次方面有所不同，还存在对《论语》解释的不同。但后来因为张禹综合"古论"和"鲁论"的整理本出来并流行，这些不同的编次和解释，都慢慢消失了。而司马迁在写《孔子世家》时，应该是还看得到那三个系统的不同版本的《论语》的，也有机会了解不同的师说，所以其中有可以解释今本《论语》语焉不详的内容，也不足为怪。顺便说一下，近年在江西南昌的海昏侯墓里，也出土了汉简本的《论语》，而且是已经失传很久的《齐论语》。[4]

《孔子世家》里记录孔子周游列国的轶事里，还有一个也不见于今本《论语》，而且影响更大，是被人称为"丧家狗"的故事。

说是孔子周游列国，推销他的政治理想，到处碰壁。这回来到郑国，不小心跟学生走散了。这孔老师老实啊，就一个人孤零零地在城墙下的东门口等。郑国人见了，就告诉孔老师的学生子贡，说："东门那边有个人，看额头像古代先贤尧舜的尧，看脖子像皋陶，看肩膀又像我们郑国名人子产，但是他的腰部以下，比大禹短了三寸。那疲惫的样子，就像是条没有了主人家的狗。"子贡这就赶着去东门找老师了，找到后还把郑国人的话，老老实实地给老师复述了一遍。没想到，孔子并不生气，说："人的外形，是最不重要的。他们说我像丧家狗，没说错，真没说错啊。"

但这个故事，是《孔子世家》至今仍找不到原始文献出处的一则，加上把孔子的形象，比附于谁也没有见过的上古圣人，很难令人信服，所以清代学者崔述怀疑它是"齐东野语"，也就是个民间传说。[5] 不过，跟《史记》时

四十七子上生求字子家年四十五子家生箕字子京年

四十六子京生穿字子高年五十一子高生子慎年五十

七書為魏祖子慎生鮒年五十七為陳王涉博士死於陳

下鮒弟子襄年五十七嘗為孝惠皇帝博士遷為長沙太

守長九尺六寸子襄生忠年五十七忠生武武生延年及

安國安國為今皇帝博士至臨淮太守蚤卒安國生卬

生驩．

太史公曰詩有之高山仰止景行行止雖不能至然心鄉

往之余讀孔氏書想見其為人適魯觀仲尼廟堂車服禮

器諸生以時習禮其家余低回留之不能去云 迥不能去亦作低回義亦通 索隱曰低音眣

天下君王至于賢人眾矣當時則榮沒則

已焉孔子布衣傳十餘世學者宗之自天子王侯中國言

影印南宋乾道年间刻本《史记》里《孔子世家》末的"太史公曰"（选自《中华再造善本》）

代相近的《韩诗外传》里也记录了类似的故事，那它在汉代当时已为人熟知，是可以肯定的。而尤其重要的是，它不仅反映了孔子在个人遭遇困境时的一种自嘲，而且更有一种明显的象征意义。北京大学李零教授在《丧家狗——我读〈论语〉》一书里就说："任何怀抱理想，在现实世界里找不到精神家园的人，都是丧家狗。"〔6〕

　　《孔子世家》在《史记》的三十世家里，是特别注重个人具体年代的一篇，其中不仅有明确的孔子生卒年，而且依稀可以看出一部孔子年谱的雏形。司马迁之所以能把孔子的事迹记得相对清楚而有条理，一是他曾受学于孔子的后嗣、经学家孔安国；二是由于他亲自去孔子的故里曲阜调查采访过；三是他从心里崇敬孔子——用今天的话说，司马迁是孔子的铁杆粉丝。

　　在《孔子世家》最后的"太史公曰"部分，司马迁用了罕见的抒情笔调，表达了他对孔子的由衷赞美。他引《诗经》里的名言，并加自己的评语，说："'高山仰止，景行行止。'虽不能至，然心乡往之。"这话在今天被去掉了最后一句里的那个"然"字，而成为浑然一体的十六字金句。他第一次给孔子戴上了"至圣"的桂冠，这一称呼，成为汉代以后历代崇奉儒家伦理的统治者最喜欢送给孔夫子的一顶高帽子。

不仅如此，事实上在《史记》里，孔子似乎是个无处不在的人物。已经有细心的朋友发现，在我们讲过的世家的前半部分里，就频频可以见到这位老夫子的身影。在那些似乎跟孔子毫不相干的国家和家族的历史叙事中，会忽然冒出一句"孔子生""孔子卒"之类的话。很多时候，孔子成了《史记》叙事的一个时空坐标。

　　太史公为什么要给孔子做这样的安排呢？

　　我想一个重要的缘由，就是司马迁希望借助于这样的特殊形式，给春秋那样一个礼崩乐坏的时代，投注一点理性的光彩。每一个时代都有自己的理想主义，而当回归常识都变得异常艰难的时候，在那个时代，却有一个人，不顾自己地位的低微，力量的单薄，依然不屈不挠地展示他对理想的坚守和张扬，而在他的身后，他所宣传的东西，真的有极大的可能，成为一种笼罩性的统治学说。还有什么，比这样的历史宿命，更让一个相信天道轮回的历史学家着迷呢？

第五卷

说《世家》（下）

翻盘之后，别有一番模样

《陈涉世家》:

燕雀安知鸿鹄之志

讲完了《史记》三十世家的前半部分，从这一节开始，我们讲三十世家的后半部分，从《陈涉世家》讲起。

本书在把三十世家分为上下两卷时，两卷各有一个题目，上卷叫"站远了看，他写的都是贵族"，下卷叫"翻盘之后，别有一番模样"。取这样两个题目，是想说明，《史记》的三十世家，虽然名号上都叫某某世家，其实写的，并不是同一性质的家族史或区域史。通俗地说，上卷里我们讲的那些世家，因为历史延续长等原因，已经成为称霸一方的诸侯、贵族或者准贵族；而下卷里我们下面要讲的，大多只能算是暴发户，个别的，还是"暴"了却没有发的光荣户——像《陈涉世家》的主人公陈胜，就是这样的人物。姓陈名胜，为什么司马迁写的篇名不直接叫《陈胜世

史記卷之四十八

陳涉世家第十八 列傳

索隱曰勝立數月而死無後亦稱系家者以
其所遣王侯將相竟滅秦為首事故也借
因援攘起自匹夫馳詫妖祥一朝稱楚歷年
不求勳業茂如繼之齊魯會何等級可降為

陳勝者陽城人也字涉 索隱曰韋昭云陽城屬潁川
地理志屬汝南不同者按郡
縣之名隨代分割蓋陽城舊屬次南史遷云今為汝
陰後又分隸潁川韋昭據以為說故其不同也皆故

此
吳廣者陽夏人也字叔 索隱曰夏音賈韋昭云正義曰括
陽縣後屬陳〇索隱
地志云陳州大康
縣本漢陽夏縣也陳涉少時嘗與人傭耕輟耕之壟

上悵恨久之曰苟富貴無相忘傭者笑而應曰若為

明刻本《史记》里的《陈涉世家》卷端

家》，而要叫《陈涉世家》呢？那是因为古人的名和字，不是一回事，名是出生时就取好的，字则要到二十岁左右男性"及冠"（也就是戴帽子）时才取的。男人的字是一种社交工具，按礼貌，叫人不能直呼其名，应当称字，所以《史记》篇名里，用的是陈胜的字——陈涉。

暴雨如注，九百个仅仅因为都住在乡里大路左边，就被秦朝官方统一征用，去遥远的北方服兵役的汉子，因道路不通，被困在一个叫大泽乡的地方。估摸着，肯定不能按时赶到目的地渔阳了。而按照秦朝的法律，不能按时赶到，就得死。陈胜和吴广，这两位河南老乡，就合计着，逃跑也是死，造反也是死，不如打个恢复楚国的旗号，造反吧。

陈胜脑子好，会说话，就由他给各位穷兄弟们分析形势，做思想动员报告。他说了不少，但最动人心魄的，应该是那句"王侯将相，宁有种乎"。这句话的意思，是那些称王封侯，做大将做宰相的人，难道天生就是贵族坯子吗！这话太有煽动性了，加上陈、吴两位合谋搞了点神秘气氛，再带头杀了秦朝的押送官员，下面就跟着翻了天。

《陈涉世家》有关陈胜、吴广起义的文字，因为一直被收入中学课本，而为中国人民熟知。不过，近年我们从网络新闻上可以看到一种很流行的说法，说考古发现证明，《陈涉世家》里写的"失期，法皆斩"（意思是不能按时赶

中国画《大泽乡起义》 姚有多绘 1972年

湖北云梦睡虎地秦简《徭律》
（选自《秦简牍合集·壹·睡
虎地秦墓简牍》，武汉大学出
版社，2014 年）

到，按秦律，就都得死），和陈胜号召众人起义时所说的"失期，当斩"，是编造出来的，其实秦律很温和，赶不上，迟到了，根本不会被要了小命，顶多罚点什么而已。标题党因此打出的标题，叫"我们被骗了两千年"，[1]而那骗子，要么是陈胜、吴广，要么就是司马迁。

证据呢？据说是 1975 年在湖北考古发现的著名的云梦睡虎地秦简。因为睡虎地秦简的《徭律》部分里，有明文规定：

御中发徵，乏弗行，赀二甲。失期三日到五日，谇；六日到旬，赀一盾；过旬，赀一甲。其得也，及诣。水雨，除兴。[2]

翻译成现代汉语是：

朝廷征发徭役，如果你耽搁了，没去，那要罚做两副铠甲。去了，但迟到了三到五天，那要接受一顿臭骂；迟到了六到十天的，罚做一个盾牌；而迟到超过十天的，则罚做一副铠甲。地方政府得到徭役的任务，要立即遣送服役人员到达指定地方。但如果下大雨的话，可以暂停此次徭役征发。

有人就据此说，秦律里根本没有"失期，法皆斩"的话，

157

司马迁是站在汉朝统治者的立场上，对秦始皇进行污蔑，才让陈胜说了那样骗人的鬼话。

但这个证据其实是站不住脚的。

第一，云梦秦简抄录的是秦始皇统一六国过程中行使的法律，而《陈涉世家》所记，是秦二世时代的情形。秦二世时代的法律条文至今没有发现过，司马迁的时代又离秦比较近，所以反而应该是《陈涉世家》可以补秦二世时期法律现存未见之遗憾。

其次，就算是这些由小吏抄录的秦律，一直沿用到秦二世时期，但云梦秦简并不是完整的秦律全文。有的研究者指出，被引用来作为证据的那段云梦秦简的法律条文，属于《徭律》，而不是《戍律》，它并不适用《陈涉世家》里描写的场景，因为戍守边疆、服兵役的《戍律》，和一般服徭役的《徭律》，完全不可同日而语。

再次，就算是考古发现的云梦秦简所引的秦律，确实延续到了秦二世元年，并且某种程度上可以涵盖戍守边疆服兵役的情况，也不能就此肯定，放之全国而皆准的法律条文，在传统的集权统治环境里，在具体的执行阶段，都丝毫不会走样。

所以，考古发现的云梦睡虎地秦简，当然是具有极高价值的中国早期法律文献，但用它来证明《陈涉世家》相关记录不可靠，是不合适的。

跟上面我们讲的这个引起当代人讨论的公案一样有意思的，是《陈涉世家》在古今学者间引发的另一场争论。争论的焦点，是司马迁为什么要给农民出身的陈胜写传记，并把它列入《史记》的世家里。

　　最早也是最有名的质疑派，都出自唐代。一位是大名鼎鼎的史学理论家刘知幾，一位是大家都应该很熟悉的《史记》注释家司马贞。

　　刘知幾认为陈胜"起自群盗"，也就是从强盗窝里出来，而"世家"是专门用来记录世家大族功业的。那么像陈胜那样典型的"无世可传""无家可宅"的人，也就是既没有世系可以传承下来，也没有家可以待着的人，凭什么可以进世家？[3]

　　司马贞没有刘知幾那么直截了当，他说得比较温和，一方面替司马迁解释了《史记》列陈胜为世家的理由，是"以其所遣王侯将相竟灭秦，以其首事也"，意思是陈胜手下的那些称王称侯的人最后灭了秦王朝，而最早挑头的是陈胜；另一方面，他又觉得陈胜就是个普通老百姓，起事的时候还假托鬼神，做的尽是上不得台面的事，所以应该把《陈涉世家》降格为列传——顺便说一下，现在看到的三家注本的《史记》里，司马贞的《史记索隐》是被删节过的，所以他对于《陈涉世家》的上述意见，只有前半段，没有后半段。[4]

　　到了20世纪，也出现了截然相反的意见。最现代的评价是，司马迁和革命群众心连心，两千年前就把农民起义领袖写进了正史。所以，在一些特殊的历史阶段，中国的中小学课本里很多中国古典作品都没有了，但这篇《陈涉世家》却总是保留着。

其实，无论是质疑还是高调肯定，上面列举的三种说法，都没有完全弄懂司马迁写《陈涉世家》的真实本意。

司马迁把陈胜列入介乎"本纪"和"列传"之间的"世家"，是有周密的考虑的。

看《史记》的世家，最容易看懂的，是贵族世家，是一脉相承、一成不变的血统。而《陈涉世家》写陈胜，写陈胜的搭档吴广，还写了跟陈胜、吴广同时的一帮绿林好汉、葛婴、武臣、张耳、陈余、周文、韩广、邓说等等，想告诉你的，其实是贵族他大爷，或者大爷的大爷，还有大爷的大爷的老朋友们，原本也是送外卖的。套用一句时髦的学术话语说，就是社会虽然是分层的，但社会成员的层次，应该是可以向上流动的。

当然，社会层次向上流动以后，上流社会和下流社会如果有幸重逢，会发生怎样的戏剧性变化，《陈涉世家》里也写到了。这故事放在世家这一体裁里，还别有一种隐喻的味道。

说是陈胜发达之前，在乡下受雇给人耕地，暂时歇息的时候，曾深情地吩咐身边的穷兄弟们："苟富贵，无相忘。"意思是今后谁要是发财做官了，可别忘记兄弟们啊。穷兄弟们一听这话，都嘲笑他，说："你就是个帮人耕地的，哪会有什么发财做官的机会？"陈胜听了这么不理解他的嘲笑话，倒也没有气馁，回应得还挺有志气，说："燕雀安知鸿鹄之志哉！"意思是你们这些在地上打转的小燕子小麻雀，哪里看得懂我鸿雁高飞、黄鸟千里的豪情壮志呢。

理想还真是要有的，万一实现了呢？后来陈胜振臂一呼，做起了大王，还果然富贵了一阵子。当年一起耕地的那些穷兄弟们中的一位，就真的跑去找他，因为一时见不到，还大胆地在半道上拦了陈胜的专车。陈胜一看是老相识，倒也大度，就让这位老朋友上他的车，一起回宫。但这穷兄弟没修过社会分层理论的课，开心了就乱说话，把陈大王老早老早的事情，都广而告之，结果自然只能是肉体消失了。

俗话说："一阔脸就变。"这变的根源，就在于一方身份地位的改变，打破了原本同一社会层次中人的平衡，新的分层就此出现。

我们看《陈涉世家》在《史记》三十世家里的位置就会发现，这是司马迁身处的汉代和汉代以前，两批世家的分水岭。陈胜因为很早就被反叛的司机杀害，而没有后代，但他以后的那些得以在三十世家里占一席之地的人，大多

梁立懷王孫心為楚王陳勝王凡六月已為王王陳其
故人嘗與傭耕者聞之之陳扣宮門曰吾欲見涉宮門
令欲縛之自辨數乃置【集解】晉灼曰音訴【索隱】數音朔又音疏
數與涉有故舊事驗也又音朔又音疎辨說也
而呼涉陳王聞之乃召見載與俱歸入宮見殿屋帷帳
客曰夥頤涉之為王沈沈者【集解】應劭曰沈沈宮室深邃之貌也沈音長含反
一作金【索隱】服虔云楚人謂多為夥又言頤者助聲之辭也偉之故稱夥頤
人呼為沈沈猶言深邃也沈音直金反俗談謂多為夥故天
下傳之夥涉為王由陳涉始客出入愈益發舒言陳王
故情或說陳王曰客愚無知顓妄言輕威陳王斬之諸

陳王故人皆自引去由是無親陳王者【索隱】潁氏引孔
王妻之父見往焉勝以眾賓待之妻父怒云陳勝為
號而傲長者不能久焉不辭而去是其事顯也陳王以
朱房為中正胡武為司過主司羣臣諸將徇地至令之
不是者繫而罪之以苛察為忠其所不善者弗下吏輒
自治之【索隱】謂朱房胡武等以素所不往下吏者也
將以其故不親附此其所以敗也陳勝雖已死其所置
遣侯王將相竟亡秦由涉首事也高祖時為陳涉置守
冢三十家碭至今血食
褚先生曰【集解】徐廣曰一作太史公遷取貢蒕過秦上下篇然文穎言褚先生者也非班固奏事
皇本紀陳涉下贊過秦上下篇然文穎言褚先生者也非班
應徐廣裴駰然所見别本及班奏事皆云合作太史【索隱】已已詳見已世家十八

毛泽东评点《陈涉世家》手迹（选自《毛泽东评点二十四史》，中国档案出版社，1998年）

是跟随着他的号令，或者在他的影响下，在秦楚动乱之际，趁机上位的暴发户，以及暴发户们的妻儿老小、三姑六爷、三代四代们。令人无限怅惘的是，那些新派世家及其后人，大概很少有人会记得，他们的幸福生活，追根溯源，其实是一位在雨夜大泽乡的旷野里，振臂呼喊"王侯将相，宁有种乎"的汉子开创的。当然也有例外，我们看《陈涉世家》纪事部分的最后，写了汉高祖特批安排三十户人家，专门守护陈胜的坟墓，可见刘邦终究还是个明白人。

说白了，任何时代，都没有天生的贵族。贵族都是从暴发户变过来的，暴发户又是从平民变过来的。不发不贵，而当贵族不再具有暴发户的气息时，他被架空乃至扫地出门的时代也就来临了。贵族的对头，就是期待做新暴发户的平民。

从来贵族都带着一份天生的傲慢。但他不知道的是，平民也有傲慢。陈胜的一句"王侯将相，宁有种乎"，就是典型的平民式的傲慢，他的那句"燕雀安知鸿鹄之志"，其实也是。贵族的傲慢跟平民的傲慢，这两种傲慢突然碰撞，就诞生了足以地动山摇的革命。

163

《外戚世家》:

靠宫里姐妹上位的弟兄们

上一节我们讲了《陈涉世家》，这一节我们讲《外戚世家》。

所谓外戚，就是皇帝的母家和亲属。母系的外戚，和父系的内亲相对，在中国传统的家天下系统中，是一支重要的政治力量。

今本《史记》的《外戚世家》，很明显地分为三个部分：第一部分是一大段议论，主要的着眼点，在感叹男女之爱的特殊，和进入帝王生活的女性命运的奇诡；第二部分是汉代从高祖到武帝，四代君主的妻室和母系概要，以及相关亲属的故事；第三部分不是司马迁写的，是司马迁身后汉代一位叫褚少孙的学者，搜罗补充的汉武帝外戚故事。

索隱曰外戚紀后妃也后族亦代有封爵故
也漢書別編之列傳中王[索]隱[剛]謂之紀而在
列傳之首

自古受命帝王及繼體守文之君[索隱曰繼體謂非受命創業之上而是嫡繼先帝之體而立者也守文謂非創業但守先帝法度為之主耳]非獨

内德茂也蓋亦有外戚之助焉夏之興也以塗山[索隱曰塗山國名]

而桀之放也以末喜[韋昭云塗山國名在今九江]殷之興也以有娀[索隱曰國語殷辛伐有娀而生]有娀女簡狄佚卵而生

紂之殺也嬖妲己[索隱曰蘇氏以妲己女焉]周之興也

史記

外戚

明刻本《史記》里的《外戚世家》卷端

《外戚世家》的开头部分，在没有任何叙事的情形下，就进入了评论，这在《史记》世家一体中绝无仅有，这样的写法，反倒很像八书的开头部分。《外戚世家》这部分评论，之所以没有出现"太史公曰"字样，可能是考虑到接下来的第二部分开头，用了"太史公曰"四个字。至于这部分的中心意思，则可以概括为两个字：一个是爱，一个是命。

《史记》虽然写过不少的爱情或类似爱情的故事，但司马迁很少自己站出来评说爱情。《外戚世家》是个例外。在这篇主要写帝王母系复杂的人际纠葛，也充满了后宫八卦故事的世家里，司马迁感叹："甚哉，妃匹之爱，君不能得之于臣，父不能得之于子，况卑下乎！"言下之意，君王对于女性的爱，是外人所不能知悉的，也是任何力量都无法控制的。与此同时，换了一个角度，他又对被君王临幸的那部分女性的命运，表示了极大的困惑，因为无法解释其中的缘由，而只能说一句很俗套的话"岂非命也哉"，意思是这难道不是命中注定的吗。

《外戚世家》的第二部分，占全篇的篇幅最大，又可以分为前后两个小节：前一节主要写汉武帝之前汉朝帝王母系的事迹，以吕后、薄太后、窦太后、王太后四家为中心；后一节主要写司马迁身处的汉武帝时期，以卫皇后及其家族为主，也提到了赵之王夫人、中山李夫人、尹婕好等。

　　吕后的故事，在《外戚世家》之前，《史记》已经有一篇《吕太后本纪》详细记载了。出现在《外戚世家》里的吕后，事迹主要就是《吕太后本纪》的缩写，其中可补《吕太后本纪》的只有一条，就是说她的名字叫吕娥姁。我们曾经讨论过，吕后的本名是吕雉，雉是野鸡的意思。不过，南朝刘宋时候的学者裴骃在《史记集解》一书里，为《外戚世家》作注释时，引用前人的说法，说吕后有个姐姐，字长姁；那么像娥姁这么文艺范十足的名字，应该也不是吕后的本名，而是后来她发达了才取的字吧。

　　吕后之外的三位，薄太后、窦太后和王太后，则生命中到处充溢着爱情与欲望的纠缠，和时代与命运的作弄。
　　薄太后原本是楚汉相争时魏王豹的宫女。据说一次奇特的看相，算出她将生一位天子。但她实际可以依靠的，并不是眼前的魏王，而是后来的汉王刘邦。而她被汉王看中，是在魏王战败，她也被下放当了纺织女工的时候。她能做皇后、太后，除了生了个有运气的儿子，就是后来的汉文帝，还有一个重要的原因，是她一不惹事，二住得远，没有进入吕太后嫉妒的黑名单。
　　窦太后呢，故事比薄太后更离奇。她的第一份工作是在吕太后那里做丫环，后来吕太后放丫环们出宫，送给各地的小王子。这窦家姑娘也没什么心计，就想离老家近些，托了个太监，说您务必把我的名字放在赵王的册子里。没想到碰上个不上心的太监，把她搁到了代王的册子里。窦姑娘当然是一百个不愿意了，但册子已经被皇帝批示了，必须去，就这么阴差阳错，进了代王府。没想到代王也就是后来的文帝，对她十分珍爱，俩人生儿育女，儿子还成了太子，就是后来的汉景帝，窦姑娘也妥妥地变成了窦太后。

两相对照，王太后内心的阴影面积，应该比薄、窦两位太后大两圈。因为她成为汉景帝夫人的时候，前面已经有个薄皇后，由于生不出儿子而被废；后面又来个栗姬，生了个儿子刘荣，已经做了太子。局面如此严酷，这王夫人只能用了个下三滥的计谋，借汉景帝的手，整垮了过于高调的栗姬，让自己的儿子刘彻先做太子，再做皇帝，终于让自己成了王太后。

司马迁大概没能活着见到武帝驾崩和昭帝继位，所以《外戚世家》的汉武帝时期，他着重写的是卫皇后卫子夫。

说这卫子夫出身低微，原本是汉武帝他姐平阳公主家的一个驻唱歌手。那年的三月三，一直没生出儿子的汉武帝，在参加上巳节活动回宫途中，路过姐姐平阳公主家，进去玩，却怎么也看不上姐姐特意为他准备的那一打花枝招展的女人。胸闷了，就猛喝酒。平阳公主善解人意，即刻启动了备用方案，让驻唱歌手们上场。武帝听着悠扬的歌声，心思却在一堆音乐工作者身上，他最后看中的，就是歌唱家卫子夫。卫子夫趁着侍奉武帝去换衣服的当口，完成了主人交给她的光荣任务，自己也因此顺利进宫。后来虽有一阵子被武帝淡忘了，但靠着她迷人的眼泪，或许还有歌声，让汉武帝一再临幸，总共生了三个女儿、一个儿子，最后还当上了皇后。

在《外戚世家》的这些太后和皇后们的故事里，爱只是一份模糊的底色，所以"命"就成了最好的解释。其实，从世俗的观点看，真正命好的，不止是被君王临幸的那些女性，更是那些靠在宫里头做夫人、皇后的姐妹上位的兄弟。

不少的研究者已经注意到，除了吕太后当政的特殊时期，《外戚世家》里有关帝王母系男性亲属的受封，虽然封的都是侯，数量上却是逐步递增的，太史公的原文是"薄氏侯者凡一人"，"窦氏凡三人为侯"，"王太后家凡三人为侯"，"卫氏枝属以军功起家，五人为侯"。据此可以窥见西汉外戚势力的逐步扩大。也有学者指出，从这专门注明某家封侯数的形式看，司马迁写这篇《外戚世家》，应当是利用了当时的宫廷档案。[1]

至于这些靠宫里姐妹上位的弟兄的具体事迹，除了薄太后的弟弟薄昭受封为轵侯，别无他说，其他像吕后的兄弟侄儿辈见于《吕太后本纪》，王太后同母异父的弟弟田蚡和卫皇后的弟弟卫青，各有传记在《史记》的列传里（《魏其武安侯列传》和《卫将军骠骑列传》）。《外戚世家》留下的有故事的弟兄，只有窦太后的弟弟窦广国和李夫人的哥哥李延年、李广利。

窦广国的故事，足以拍一部悲情电影。

说是窦皇后进宫前，家里还有两个兄弟。因为家里穷，弟弟窦广国四五岁的时候就被人卖了，还转卖了十多次，最后卖到了一个叫宜阳的地方。有一回，他跟人一起进山，为主人家烧炭，傍晚就躺在山崖下睡觉，没想到山崖突然崩塌，跟他一起躺着睡那儿的，全部被压死了，就他一个侥幸逃脱。大难不死，这小窦就给自己算了一卦，结果更惊人，说几天之内会被封侯。于是就跟着他的主人家，来到了伟大的首都长安。在长安听到的最新消息，是一位姓窦、原籍观津的美女，刚被封为皇后。这广国虽然少小离家，但记得老家的县名叫观津，也记得自己本姓窦，还因为曾经跟姐姐一起采过桑果，留做信物，就灵机一动，写了封信给窦皇后，要认亲。窦皇后得信，很重视，马上就跟汉文帝汇报了。文帝当即批示，同意召见，窦广国因此进宫，一五一十地讲述了自己的悲情故事。而真正打动窦皇后的，是小窦最后的述说："姐姐，你离开我来长安的时候，跟我在外头的驿站里告别，你专门向人要了淘米水给我洗澡，还请我吃好吃的，完了才离开的。"窦皇后听到这里，忍不住拉着广国，泪如雨下，这亲弟弟总算是认定了。

按照《外戚世家》的记录，窦广国还有个哥哥，叫窦长君，广国则字少君。长君少君，我想恐怕都不是真正的名或字，而只是老大老二的意思。值得注意的是，《外戚世家》在写了窦广国认亲故事后，说绛侯周勃和将军灌婴等人，在得知此事后，说："我们这些人只要还活着，命就掌握在这两个人手里。这兄弟俩出身低微，不能不为他们选择合适的老师和宾客，否则他们会再效仿姓吕的，那是要出大事的。"并特意为这俩兄弟选择了年长的老师和有节操的读书人，跟他们一起住。最后窦长君、窦少君兄弟，就这样被培养成了一双知道退让的君子，"不敢以尊贵骄人"。司马迁这时应该还看不太清楚，外戚这股势力，究竟是否会发展成对汉王朝发生重大影响的政治力量，但他忠实地记录了周、灌两位老臣的担忧，从而突破了他既定的用"命"来解释历史的不足。

相比之下，汉武帝宠妃李夫人的两个哥哥，李延年和李广利，在司马迁的笔下，写得最可玩味。

写李延年的时候，司马迁写了三句话，第一句是"以音幸，号协律"，意思是这位李二哥上位，靠的是音乐，他号称是精通音律的。紧接着第二句是"协律者，故倡也"，意思是通音律的，原本跟是歌伎一类。你看到了吗？鄙视的眼神，跃然纸上。最后，还不忘补上一刀，说："兄弟皆坐奸，族。"结果很严重，兄弟都因为作奸犯科，受到了族灭全家的下场。

完蛋了吧？其实还没有。司马迁接着写李夫人的大哥李广利，说当时李广利正顶着贰师将军的桂冠讨伐大宛，所以没有被诛杀。等他回到长安，皇上已经把李家人杀得几乎一个不剩了，转眼又开始可怜起这倒霉的一家人来，于是就封李广利做了海西侯。

看《外戚世家》写李夫人兄弟的这段，我想读者的第一反应，是这李家兄弟也真是有才啊，要是不出事，一文一武，都快把武帝朝的文治武功全都承包了。细细品味司马迁的文笔，可谓一波三折，摇曳多姿，其中还不乏讥讽。而这背后，恐怕不会完全没有受到李陵事件的影响——因为那李广利，就是后来由李陵伴随，一同出征匈奴，却在李陵深入大漠、情况极度危急时，见死不救的那位主帅。而司马迁就是因为在朝廷上公开为李陵投降匈奴辩护，被武帝误认为是借机向妻兄李广利发难，而被下监狱，受腐刑的。

很显然，这样的故事，来源当然不止于西汉的宫廷档案，更包含了太史公深入民间的采访，和个人亲眼所见的事实。

《楚元王世家》:

刘邦究竟算老几

上一节我们讲了《外戚世家》，这一节我们讲《楚元王世家》。

《楚元王世家》全篇，除了最后的"太史公曰"，可以分为两个部分。第一部分写的，就是篇题所示的楚元王一系。开卷出场的主人公，姓刘名交，身份特殊，是刘邦的弟弟。

司马迁是怎么写刘邦的这个弟弟的呢？他说："楚元王刘交者，高祖之同母少弟也，字游。"中国人名字相配，刘交名交，字游，意思在交游这一层面上搭上了，所以没有问题。有问题的是前面一句"高祖之同母少弟也"，意思是这位刘交，跟刘邦是同一个母亲所生，但是个小弟弟。

"高祖之同母少弟也"有什么问题呢？因为从非常早的

史記題評卷五十

楚元王世家第二十

楚元王劉交者，高祖之同母少弟也，字游【正義曰年表云都彭城○索隱曰漢書作同父言同父以明異母也】。高祖兄弟四人，長兄伯，伯蚤卒。始高祖微時，嘗辟事，時時與賓客過巨嫂食【徐廣曰漢書作兵○索隱曰兵丘嫂也空也兄亡空有嫂也今此作巨大也謂長嫂也】嫂。厭叔，叔與客來，嫂詳為羹盡，櫟釜【索隱曰櫟音歷謂以杓櫟釜旁使為聲漢書作轑音勞】，賓客以故去。已而視釜中尚有羹，高祖由此怨其嫂。及高祖為帝，封昆弟，而伯子獨不得封。太

周四

明嘉靖年间刻本《史记题评》里的《楚元王世家》卷端

时候起，已经有人说，这句话里的"同母"，还有另一个版本，是写作"同父"。类似的说法，较早而且最有影响的，出自《汉书》。《汉书》的《楚元王传》里，这句"高祖之同母少弟也"，直接被改成了"高祖同父少弟也"。

那么，刘交究竟是汉高祖刘邦的同母小弟，还是同父小弟呢？

《汉书》的说法貌似很有道理，刘交是刘邦同父的小弟弟。但是我们仔细想想，在中国传统的男性社会里，同一个爹生的，有必要特别强调吗？当然都是一个爹生的啊，要不是一个爹生的，问题不就大了吗？反过来，"同母"是需要特别注明的，以此说明他们的爹，娶的太太不止一位，而只有他们两兄弟，才是真正一母所生的同胞兄弟。所以从古到今《史记》的各种本子，包括我们今天看的中华书局校点本，一直没有根据《汉书》或者《史记》的某家注，把这个"同母"改成"同父"，我觉得是有道理的，刘交应该就是刘邦的同母小弟弟。

值得注意的是，《楚元王世家》里，司马迁不仅写了刘邦的小弟弟，连带着还写了刘邦的两个哥哥。这两个哥哥的名字很可玩味，大哥叫伯，二哥叫仲。《高祖本纪》里写刘邦的字是季，我们曾讨论过，这个季更可能是刘邦稍早时候的名，那么刘家兄弟名字里的伯、仲、季，简单地说，不过就是中国传统的兄弟排行。[1]

但是，这个看似简单的问题，引出的问题却不简单。因为如果用我们熟悉的中国古代传统的兄弟排行来算，伯仲叔季，刘邦的兄长里，还缺一个叔兄，也就是刘太公家的老三。而根据《楚元王世家》，"高祖兄弟四人"，长兄伯、次兄仲，然后是高祖季，最后就是楚元王交，看起来好像刘邦就是刘家的老三。

那刘邦在刘家，究竟算老几呢？

我的看法是，很可能是老四，也无法排除老三的可能性。但无论是老三还是老四，有一点是明确的，刘邦跟楚元王刘交是同胞兄弟，这意味着他跟前面的长兄伯和次兄仲，很可能不是同胞兄弟。而他的名字季之所以跟长兄伯和次兄仲在同一个序列里，是因为中国古代大家庭中，不管是正房生的，还是偏房生的，男性兄弟的排行，都是按年龄大小统排的，所以刘邦即使不是他爸的大太太所生，曾用名叫季，也没什么不正常。

如果我们以上的推测不误，刘邦跟楚元王刘交是同胞兄弟，跟长兄伯和次兄仲可能不是同胞兄弟，那么再看《史记》《汉书》里有关刘邦兄弟关系的记载，就很有意思了。

这意思，可以从两方面来看。

一个方面，是刘邦跟两位哥哥的关系。长兄刘伯虽然死的早，《楚元王世家》里还是花了一点篇幅，讲了一个刘邦发迹前常去大嫂家蹭饭，被大嫂嫌弃的故事。故事的结局，是刘邦做皇帝以后，给家族兄弟们封侯，却不愿给小侄子加封，理由是"其母不长者"，就是说这小侄子的妈（也就是刘邦自己的大嫂）做事没有长者风范。这是跟大哥一家。跟二哥刘仲呢，更有意思。《史记》的《高祖本纪》里有一则很有意思的材料，说是汉高祖九年，未央宫修好后，汉高祖设宴招待臣下，酒席上，他拿了个玉制的酒杯，亲自起身给"太上皇"也就是他亲爹敬酒，并说了这么一段话："始大人常以臣无赖，不能治产业，不如仲力。今某之业所就孰与仲多？"意思是说：爹，您当年总觉得我是个无赖，不干正经营生，不像我的二哥刘仲那么有能耐，您现在看看我做成的事情，跟二哥比，谁厉害啊。于是下面殿上群臣都山呼万岁，大笑为乐。有意思的是，同样的故事，司马迁还写了不止一次，第二次是在《汉兴以来将相名臣年表》里，情节要简单一些，但要素都还是有了，刘邦问他爹的那句关键的话，在年表里记的是："始常以臣不如仲力，今臣功孰与仲多？"我们一般说这个故事反映了刘邦骄傲。但是换一个角度看，刘邦对于刘仲这么在意，一心要争胜，跟他爸当年那么看中老二，不看中自己这个老三或者老四，两者之间，是不是有一个共同的指向呢？这个共同的指向，是不是跟他们不是同胞兄弟有关呢？我觉得这个问题是值得进一步探讨的。

　　另一个方面，是刘邦跟小弟刘交的关系。《史记》的《楚元王世家》里有关刘交的记载比较简单，但在《汉书》

的《楚元王传》里面，有关刘邦这位小弟的史料就多了很多。其中说到刘邦做了沛公后，派他的二哥刘仲跟老臣审食其留在家乡服侍太上皇也就是刘邦他爸爸，而小弟刘交则是跟萧何、曹参等刘邦团队的核心人物一起，跟着刘邦继续打天下，见证了遇见项梁，一起拥立楚怀王的历史大场面。等到了灞上，伟大事业快成功了，刘邦又封小弟刘交为文信君，让刘交跟着自己西进蜀汉，还定三秦，最后灭了项羽。更重要的是，据《楚元王传》说，刘邦"即帝位，交与卢绾常侍上，出入卧内，传言语诸内事隐谋"，意思是刘邦做了汉朝的皇帝后，这刘交跟刘邦的一位心腹卢绾，两个人常常待在皇帝左右，是可以进到刘邦的卧室，说得上话，听得到内参的，关系非同一般。而最有意思的是，汉朝六年，刘邦废了楚王韩信，把自己的这位心腹小弟刘交立为楚王，统治的区域，包括薛郡、东海、彭城等三十六县，理由是"先有功也"，就是早年刘交有军功。给刘交封好王了，才封次兄刘仲做代王。而且这个代王很快就出事了，也很快就给免掉了。

刘邦跟刘交的友谊如此深厚，他跟刘伯、刘仲两个哥哥关系又这样的生分，联系我们上面说的，刘邦跟刘交应该是同胞兄弟，跟刘伯、刘仲两个哥哥则很可能是同父异母，我们是不是可以从中找到一点两者的关联呢？

也许有读者会跟我抬杠，你这么想搞清楚刘邦究竟算老几，他跟哪个兄弟是同一个娘所生，这样做有意义吗，是不是在猎奇啊？

我的回答是：不是猎奇，这样做是有意义的。因为从传统的角度说，从《楚元王世家》里窥见的这个问题，归根结底，涉及刘邦的血统，而《高祖本纪》对此避而不谈，同时，刘邦的出生记录里充满神异色彩，说明在汉朝正统的高祖叙事中，也许存在不得不掩盖的东西。而从现代的角度看，由《楚元王世家》为引线，引出刘氏兄弟在汉朝建立前后混杂着亲情和权力的各种纠葛，又从一个侧面，显现了中国传统的家天下情境中，皇权政治无时不刻都被血缘和血统所困扰的现实。

《楚元王世家》比较特别的地方，是它还有第二部分，这第二部分写的，不再是楚元王刘交和他这一支的家族史，而是好像跟刘交这支没什么关系的赵王刘遂一系。

明明是《楚元王世家》，为什么到了后半部分，太史公还要加写一部分赵王世家呢？

一个重要的内因，是汉景帝时候爆发的七国之乱，打头的除了吴国，还有楚元王刘交的孙子刘戊做着大王的楚国，而在赵王刘遂的率领下，赵国是跟随吴、楚，参与了七国之乱的。

但刘遂的结局是悲剧性的。《楚元王世家》说，在七国之乱初起时，赵王不仅发兵驻守在西部边境，等待吴国叛

179

管叔鮮　作亂誅死無後

周公旦　其後為魯有世家言

蔡叔度　其後為蔡有世家言

叔振鐸　其後為晉有世家言

郕叔武　其後世無所見

霍叔處　其後晉獻公時滅霍

康叔封　其後為衛有世家言

聃季載　其後世無所見

文　太公曰管蔡作亂無足載者然周武王

蔚　武王少天下既定賴同姓之親邵叔振鐸

季　三屬十人為輔拂是以諸侯率宗周欤

附之世家言　曹叔振鐸世家

曹叔振鐸者周武王弟曰武王已克殷封

叔振鐸於曹　　　叔振鐸卒子太伯脾立

玄　太伯卒子仲君平立

仲君平卒子宮伯侯立

宮伯侯卒子孝伯雲立

孝伯卒子夷伯喜立

夷伯廿三年周厲王奔于彘伯卒弟幽

幽伯彊立

敦煌写本 P2627《史记·管蔡世家》末附《曹叔振铎世家》(局部，原件藏法国国家图书馆)

乱部队一同攻击首都，还派遣使者北上跟匈奴讲和，并邀请匈奴联合攻击汉朝。结果受到中央军的猛烈反击，吴国同盟军无法西进，匈奴部队又临阵变卦，不出兵了，这时赵国的都城邯郸，被中央军灌了满城的水，城池毁坏，邯郸投降，赵王刘遂只能自杀了断。这位赵王刘遂可不是一般人啊，他爹是刘邦的亲儿子刘友，算下来这刘遂就是刘邦的嫡亲孙子。刘邦的孙子竟然也造汉朝的反，还自杀了，不是很匪夷所思吗？

除了因为参与七国之乱而把楚王和赵王放在一起讲，太史公题名《楚元王世家》却写了赵王世家的另一个理由，是世家部分在《史记》里只设了三十篇的篇幅，一些相对而言比较次要，但完全不提又于历史叙事有所欠缺的家族史，就不得不以附录的形式，放在其他世家之后写。像之前我们没有单独讲的《管蔡世家》，名义上是写周文王的两个儿子，同时又都是周武王的弟弟，管叔鲜和蔡叔度，以及他们的后人，但在实际的篇章里面，写完了管叔鲜和蔡叔度两大家族，太史公还用了一整段文字，解释"武王同母兄弟十人"，也就是周文王的十个儿子在《史记》中的安排，比如周武王发见于《周本纪》，周公旦一支有《鲁世家》，康叔封一支有《卫世家》等等，并在这段解释文字后，附写了同样是周武王弟弟的曹叔振铎的世家。尤其有意思的是，因为附录了曹叔振铎的世家，这篇以《管蔡世家》为名的世家，竟然是有两段"太史公曰"，一段在管叔鲜和蔡叔度世家之后，另一段在曹叔振铎世家之后。可见司马迁最初的设计，这完全是两篇世家，但为了《史记》五体数字的特殊定义，尤其是呈现《太史公自序》里说的"三十辐共一毂"的世家设计理念，他几乎可以说是强行把它们合并在一起了。[2]

最后我们再回到《楚元王世家》，看看它末尾的"太史公曰"写了什么。

《楚元王世家》的"太史公曰"，开头是一段比较平庸的话，把国家的兴亡，跟君子和小人的进退作联系，目的是引出正文里没有提到的两个故事，就是楚王刘戊和赵王刘遂，在关键时刻没有听从贤明之人申公和防与先生的话，结果倒了霉。在两度赞叹贤明之人难得之后，太史公说："甚矣，'安危在出令，存亡在所任'，诚哉是言也！"意思是：这真是太重要了，所谓"国家的安危全在于君王发出的命令，而国家的存亡也全在于君王任用什么样的人"，这话真是一点也不错。联系传统帝制中国的历史实情，司马迁在《楚元王世家》的"太史公曰"末尾所作的这一判断，真是无意中的一针见血。因为国家的安危存亡，都完全依赖于某一个人的举措，而此人可以让举国听命于他，唯一的合法性证明，只是他的血缘，这样的政治逻辑，正是一切封建统治的最大弱势。

《齐悼惠王世家》:

皇帝的宝座，曾经离他们那么近

上一节我们讲《楚元王世家》，开场出现的主人公叫刘交，跟刘邦是一个娘生的亲兄弟；这一节我们讲《齐悼惠王世家》，开卷登场的一号人物叫刘肥，身份也很不一般，是刘邦的大儿子——只是他母亲的身份有点暧昧，《齐悼惠王世家》说，"其母外妇也，曰曹氏"，用现在的话说，就是这刘肥的妈妈，不是刘邦明媒正娶的太太，只是个没有名分的女朋友，姓曹，大家都叫她小曹。

这小曹姑娘跟刘邦未婚先孕，有了刘肥。后来刘邦娶了吕雉，也就是后来大名鼎鼎的吕后，小曹姑娘自然只能隐退。不过她跟刘邦生的儿子刘肥，是刘家的长子，这身份是谁也改变不了的。所以《齐悼惠王世家》说，到了高祖六年，刘邦就把大儿子刘肥册封为齐王，这齐王靠着收租吃饭的统治区域，有七十城之多；《齐悼惠王世家》还

史記鈔卷之二十六

天下已平親屬既寡悼惠王先壯實鎮東土袞王擅

興發怒諸呂馳鈞暴戾京師弗許厲之內淫禍成

主父嘉肥股肱作齊悼惠王世家第二十二。

漢書本此篇全文其叙七王虒興廢稍
有次第而生色稍不如史記烟波可愛

齊悼惠王劉肥者高祖長庶男也其母外婦也曰

曹氏高祖六年立肥爲齊王食七十城諸民能齊

言者皆予齊王齊王孝惠帝兄也孝惠帝二年齊

王入朝惠帝與齊王燕飲亢禮如家人呂太后怒

明刻套印本《史记钞》里的《齐悼惠王世家》卷端

说，高祖同时下令，把当时能说齐国地方方言的老百姓，都划归刘肥这位新齐王统治。

《史记》里见不到对刘肥治国理政能力的任何评价，但司马迁在《齐悼惠王世家》的"太史公曰"里说："诸侯大国无过齐悼惠王。"意思是当时分封的诸侯大国，没有一个比齐悼惠王受封的地盘大。而当时被派去协助齐悼惠王的齐国丞相，是后来做了汉朝丞相的曹参，可见刘邦对这位长子是多么地宠溺。

尽管是长子，跟皇帝爸爸有无可辩驳的血缘之亲，但是刘肥有一个致命的弱点，就是血统不够纯正，是庶出的。所以刘邦死后，他不仅没能继位成为汉朝的第二任皇帝，还因为跟在位的汉惠帝过于亲近，而险遭灭顶之灾。

《齐悼惠王世家》记了一则故事，说是孝惠帝二年，齐王刘肥大老远地从今天的山东，赶到今天的陕西，入朝拜见皇帝。因为他跟孝惠帝两人是同父异母的兄弟，算起来他还比孝惠帝年纪大，孝惠帝设宴招待自己的哥哥，也就没讲究朝廷礼仪，互相之间平起平坐，挨得又近，像家人一样。没想到孝惠帝不介意的事情，孝惠帝他老娘吕太后却非常介意，一怒之下，都打算宰了齐王。这让齐王刘肥感到无比的恐惧，心想这可如何是好。好在手下有个做内史的，给出了一计，说吕太后不是还有个很疼爱的闺女鲁元公主吗，您把咱们齐国的一个郡城阳郡捐献出来，就说给鲁元公主做"汤沐邑"（所谓"汤沐邑"，原本是指周王赐给来朝觐的诸侯们斋戒沐浴时所用的地方，汉朝时候指王公贵族可以收租税的地盘），这吕太后应该可以放过您了吧。齐王照做了，吕太后果然转怒为喜，放了刘肥一马。

但从刘肥这边说，自己统领的总共不过七个郡，跟做皇帝的弟弟吃了顿酒，就失去了七个郡中的一个，还差点丢了性命，这无论如何都是件倒霉的事。

更倒霉的是，刘肥死了以后，他儿子刘襄继承王位，齐国还是一再失去它的领地。先是汉惠帝死后，吕太后实际掌权，齐国的济南郡被生生地割给吕太后的侄儿、新晋吕王吕台。之后过了六年，齐国的琅琊郡又被割给同宗的刘泽（《荆燕世家》后半篇的主人公），成了琅琊国，这命令，当然也是吕太后下的。

两代齐王如此前赴后继地被吕太后欺负，到太后终于有一天命归西天，齐国上层积压的怨气就爆发了。打出的旗号，《齐悼惠王世家》写的是因为吕氏家族一帮人"聚兵以威大臣"，也就是吕姓掌握了部分军队，威胁到朝中一班大臣的安全，而实际的落脚点十分明确，就是要杀掉这几个姓吕的，让齐王刘襄做皇帝。

做皇帝，那是一件多么激动人心的事啊！

但刘襄注定做不上皇帝。别的不说，《齐悼惠王世家》里记载了他立下西进计划后，想到的第一个项目，不是联合友军壮大队伍，而是欺诈琅琊王，把琅琊王软禁在齐国，吞并了琅琊国的部队，这心思明眼人一看就知道，是打算抢回自己的一亩三分地。格局如此，结局可想而知。

反过来看琅琊王刘泽，那是何等聪明的人啊。眼见自己被软禁了，就推心置腹地跟小自己一辈的齐王刘襄说："您爹齐悼惠王是高皇帝的长子，追根寻源，那大王您就是高皇帝的嫡亲长孙了，是应该做皇帝啊。我看首都的各位大臣都没啥主意，我刘泽在咱刘家现在是年龄最大的了，这些大臣肯定是要等我发声才能决定如何做了。大王您现在把我留在身边也没啥用，不如让我入关去京城跟他们说道说道。"

刘襄呢，竟然傻乎乎地信了，真的就放了刘泽西去。刘泽到了长安，待平定吕氏一系之后，还真的跟一班大臣讨论了谁接班做汉朝皇帝的事。但他非但没有推荐齐王刘襄，反而在部分大臣提议让刘襄接班做皇帝时，作为另一些大臣的首席代表，坚决反对让刘襄做皇帝。理由我们在讲《吕太后本纪》时讲过，就是认为齐王母家人太恶，齐王一旦上位，朝廷很可能会再出现吕氏掌权的危机。而他提议的新皇帝人选，就是此前一直被忽视的代王，当时仍健在的刘邦的第四个儿子刘恒。

顺便说一下，关于否定让刘襄做皇帝的动议的记载，《史记》和《汉书》略有不同：《史记》明言是"琅琊王及大臣曰"，到《汉书》里就只有"大臣曰"，而没有"琅琊王"了。但不止一位研究者指出，《汉书》有关的记载，是承《史记》而来，又删除了"琅琊王"三字，这样的做法本身就是错误的。

值得注意的是，无论是跟叔叔同时竞争帝位不成功的刘襄，还是跟皇帝弟弟近距离喝了顿酒就差点送命的刘肥，他们的失败故事，换一个角度看，其实就是传统中国社会最上层的皇族内部，血缘宗亲之间，在角逐皇帝宝座和力保皇帝宝座这两个特定时段，呈现的常规景观。

回到《齐悼惠王世家》，没有做成皇帝的刘襄，在捡个漏做上皇帝的汉文帝登基的同一年死了，谥号是"哀"，人称齐哀王。也许隐约感到原本离这皇帝宝座最近的，是自己的这位生平不免悲哀的堂侄子，汉文帝登基后，下令把原本被吕太后割出去的齐国的城阳、琅琊、济南三个郡，都归还给了齐国。但接替齐哀王的新国君齐文王似乎气数已尽，当了十四年的王，因为没有生儿子，死后王国被注销，地盘也被并入了汉朝。

齐国都没了，《齐悼惠王世家》写到这里，好像就该结束了。是这样吗？当然不是的。

峰回路转，还是汉文帝，居然让已经注销的齐国复活了。在这之前，汉文帝已经把齐悼惠王的七个健在的儿子都封成了侯，到这时，他又把已经归入汉朝的齐国旧地，拆分了给那些齐悼惠王健在的儿子，让他们都升级做了王，即所谓"齐凡七王"。这七个王分别是：齐王、城阳王、济北王、济南王、淄川王、胶西王、胶东王。很显然，这里面既然又出现齐王，也就又有了齐国，但这齐国，跟齐文王时代的齐国比是小多了，跟齐悼惠王时候更是没法比了，我们姑且称之为小齐国。

这七个王国当中，胶西、胶东、济南、淄川四个，在后来的吴楚七国之乱时，响应吴王刘濞号召，"将诛汉贼臣晁错以安宗庙"，发兵西进，最后遭到灭国的悲剧性下场。那是汉景帝时候的事情，他们之所以要跟着吴王和楚王造反，是因为受到汉景帝宠信的大臣晁错，给汉景帝出了个在他们看来很毒的主意，叫"削藩"，就是把地域过大权力过大的藩王，尽量削除掉。这怎么能容忍，所以反了。

这七个王国中七国之乱后剩余的三个，小齐国、城阳国和济北国，在《齐悼惠王世家》后半部分里记得比较详细的是小齐国。有意思的是，司马迁讲小齐国的事，先写的却是汉武帝时的名臣主父偃的一桩私事。

说是主父偃也是齐人出身，有一回听说汉武帝他老娘王太后，想把自己的某个宝贝外孙女嫁给某个亲王，来自齐国的一个叫徐甲的太监，担当起了赴齐国当说客，劝说齐王上书请娶太后外孙女的重任。主父偃得知此消息后，凭着老乡的关系，跟这位徐特使提了个奇葩的要求，要求一旦齐王娶亲成功，顺便捎带着也让他主父偃的宝贝女儿

"充王后宫"。事情被当时的齐王齐厉王的老娘纪太后知道，勃然大怒，说："咱齐王有王后，后宫也不缺人。主父偃是个什么东西，竟想把女儿塞进我们后宫！"这样一来，主父偃跟齐国的梁子就结下了。

悲剧的是，这桩私事，因为主父偃的特殊身份——当时他已是汉武帝跟前的红人——而引发了一连串意想不到的后果。主父偃开始在汉武帝前不停地吹风，说齐国有问题。他说——

> 齐临淄十万户，市租千金，人众殷富，巨于长安，此非天子亲弟爱子不得王此。今齐王于亲属益疏。

这段话翻译成现代汉语，就是：齐国首都临淄的户口有十万家，市场上收的租税，每天可以达一千金，人口多，又真的很富有，城市规模比咱首都长安都要大。这样的地方，不是皇上您的亲弟弟或者心爱的公子，是没资格做王的。您看如今的齐王，在跟您的亲属血缘关系方面，是越来越远了。

不光如此，他还找出了齐王的生活作风问题，使得汉武帝感到问题有点复杂，就指派他主父偃做了齐相，去齐国处理。主父偃到齐国后穷追猛打，结果吓得年轻的齐厉王喝药自杀，而且这齐厉王又是个没有儿子的主，导致齐国再次被注销，地盘再次被汉朝吞并。而主父偃自己呢，也因此被诸侯王举报，说他有"受金及轻重之短"——"受金"也就是受贿，"轻重之短"指的应该就是他借没有办成的私人小事（所谓"轻"），诬陷齐国，导致齐王自杀，齐国灭国（所谓"重"），这样的挟私报复情节——最后在另一位高官公孙弘的强烈要求下，这主父偃也被判了死刑。

司马迁应该见过主父偃，他在《齐悼惠王世家》里对此做如此详细的记录，当然不是简单地在讲八卦。他的记录，直观地显示了当时的汉朝中央政府，尤其是坐在天子宝座上的皇帝，对地方王国势力的逐步强大，时刻保持着高度的警惕。而齐厉王年少自杀，齐国再次被注销，又反映出那些曾经无限接近最高统治者宝座的皇家同宗势力，最终因为皇权的不可挑战性，而被瓦解以致彻底摧毁的历史宿命。

《齐悼惠王世家》的后半部分里，也写到了齐国之外的另两个王国——城阳和济北，但记得相对比较简略，主要是世系。其中比较引人注目的是，出现了"建始三年"的记载。大家知道，建始是汉成帝的年号，这时候司马迁当然不在了。唐代给《史记》做注释的张守节认为，这些相关的内容，都不是司马迁的原文，而是褚少孙补写的。

萧、曹二相国《世家》:

不创新的理由

上一节我们讲了《齐悼惠王世家》，这一节我们讲《萧相国世家》和《曹相国世家》。

我想即使没有读过《萧相国世家》和《曹相国世家》，你也一定听说过萧何、曹参的名字，大致知道这两位的身份，他俩都是西汉王朝立国之初的丞相。

读一下《萧相国世家》和《曹相国世家》，你进一步可以知道，这两位的出身，有很多相似的地方：

他们都是刘邦的老乡，早年都做过基层公务员——不同的是萧何擅长文书，而曹参是个监狱管理工作者；

他们先后都加入到了刘邦的反秦军事团队中——不过萧何主要是负责后勤保障工作，而曹参则主打冲锋陷阵，东征西讨；

他们在汉王朝立国之后，都做过相国或者右丞相，类似于政府总理——萧何是前任，曹参是继任，两人的关系并不好，不过曹参能继任，据《萧相国世家》记载，还是汉惠帝跟弥留之际的萧何商量着定下的。

而最有意思的是，《萧相国世家》和《曹相国世家》在内在结构上存在十分耐人寻味的相似性。

我们先看《萧相国世家》。

这篇为萧何树碑立传的世家，很明显地分为两截。前一截是汉王朝定鼎天下之前，记的都是萧何的工作实绩，像如何保障前方刘邦主力的军需后勤，如何安定关中，尤其是如何收罗秦朝的图书档案，为汉王顺利攻克秦提供指南等等；后一截是汉五年天下归一之后，文风一变为虚写、侧写，主要就写了两件事：一是萧何如何在老大刘邦的示意和个别同僚的力挺下，抢到了开国元勋中的头功，用今天的话说，就是排名第一；二是他在中央任职，如何避免老大的猜忌，规避个人风险。

相比之下，做了丞相的萧何，到底有什么政绩，你就是使劲在《萧相国世家》后半部分里找，也是基本找不到的。勉强可以算的，大概只有一个故事，就是萧何建议刘邦，把皇家园林上林苑的闲地让给老百姓。

蕭相國世家第二十三　史記五十三

蕭相國何者沛豐人也索隱曰春秋緯蕭何感昂精而生典獄制律

以文無害漢書音義曰文無害有文無所枉害也律有無害都吏如今

言公平吏正昭曰爲有文理無傷害也裴駰已列二說應劭陳留

間語也索隱曰漢書云何爲主吏功曹索隱曰何爲沛

云雖爲吏而不刻害是何爲功曹掾也

爲沛主吏掾也索隱曰說文主吏掾也高祖

布衣時何數以吏事護高祖云護謂救視也高祖

高祖爲亭長常左右之李奇曰或一百錢五也字讀謂奉送之

高祖以吏繇咸陽吏皆送奉音扶用反一百錢曰奉之

錢三何獨以五者五百錢也蘇林曰

秦御史監郡者與從事常辨之世學氏云持錢有重者一當作四

辨之張晏曰何素有方略也蘇林曰故有送錢有與從事也秦時無刺史以御史監郡索隱

御素有方略與從事也索隱

明嘉靖年间秦藩刻本《史记》里的《萧相国世家》卷端（天一阁博物院藏）

说是高祖征讨叛乱，从外地回到长安，碰到有人拦路告状，说萧丞相用低价强买咱们的田地和房产数千万。刘邦呢，倒也没当回大事，等萧何来拜见的时候，笑着说："丞相也跟平民争利了啊。"说话间就把那些告状信，统统交给了萧何，说："你自个儿给老百姓道个歉吧。"

　　本来这事就这样可以过去了。但这萧何倒好，反过来，趁机替百姓向高祖表达诉求，说："长安土地少，我看陛下您的私家园林上林苑里，有不少空地，都废弃没用，希望陛下能放老百姓进去种田，只收粮食，不收杆草，把杆草留在苑中，让飞禽走兽们吃。"高祖一听，勃然大怒，说："丞相你是拿了商人的很多财物吧，竟然为他们来讨要我的后花园！"说完就把这萧丞相批给了监察部，让他进了监狱。

　　过了几天，有一位姓王的军将，当时叫卫尉，侍奉高祖，斗胆询问："丞相犯了啥大罪啊，陛下您要动用如此严厉的手段对付他？"刘邦心直口快，回道："我听说李斯给秦始皇做丞相，有好处都归功于主子，有错误都自己担着。现在咱这位丞相倒好，拿了一帮做生意的家伙的钱，来讨要我的私家园林，他用这种办法擅自讨好老百姓，所以我抓了他，要教训他一下。"王卫尉聪明啊，打圆场说："陛下，那事儿如果真的于民有利，丞相因此提出请求，这个您还别说，真的是宰相的分内事，您怎么可以怀疑相国是收了商人的钱呢？再说了，陛下您跟楚霸王相争多年，最近又有陈狶、黥布造反，陛下您都是亲自率军讨伐，那个

像 何 蕭

明人拟想的萧何像

时节相国正守着关中，他只要动动脚趾头，函谷关以西就不是陛下您的了。萧相国不在那个时节为自己牟利，反倒会是在现在看上商人的钱吗？再说了，秦始皇就是因为听不到自己的过失，而失去天下的，李斯那样的分担过失，又有什么可以效法的呢。陛下为何在如此浅显的层次上怀疑宰相啊。"

高祖还是不乐意。不过不乐意归不乐意，当天还是派人拿着代表最高指令的权杖——"节"，释放了萧何。萧何毕竟年纪大了，平时也算恭谨，这回真是吓坏了，放出来，进了宫，就赤脚拜倒在刘邦跟前，千恩万谢。高祖气还没消，阴阳怪气地说："丞相你可以了！丞相替老百姓要我的私家园林，我不同意，我不过是像夏桀、商纣这样的主子，而丞相您才是有贤德的丞相。我之所以把丞相关起来，就是想要让老百姓听说我犯错误了。"

这个故事说穿了，并没有脱离我们上面归纳的第二截里的第二条：如何避免老大的猜忌，规避个人风险。

顺便说一下，《萧相国世家》在写上面这个故事时，对萧何的称呼，是相国、丞相和宰相三个词混用的。一般也认为相国、丞相和宰相这三个词，是同样的意思，可以互换。其实在战国秦汉时期，这三个称呼并不是简单的替代关系。在战国时期和汉初刘邦统治时期，相国和丞相是两个不同的职位，相国相当于政府总理，而丞相相当于第一

"相邦吕不韦造"戈

副总理。所以在《萧相国世家》里，萧何开始做的是丞相，后来诛杀淮阴侯韩信有功，才升为相国。另外，在战国和秦朝，其实相国不叫相国，而叫相邦。因为后来刘邦上位做老大了，为了避讳，相邦才一律改为相国的。像陕西和四川等地出土的秦代兵器里，好多件戈上面都刻有"相邦吕不韦造"之类的字样，说明这些戈，是秦朝相国吕不韦监造的，而当时还没有相国这一称呼，只有相邦。[1] 比较而言，倒是宰相一词最为通俗，因为它起源于乡间的宰杀猪羊，均分肉块，在后来三词混用的阶段，确实是相国或者丞相的代称。

我们再来看《曹相国世家》。《曹相国世家》的结构跟《萧相国世家》十分相似，也是分作两截。

第一截，是汉惠帝元年以前。因为其中的大部分时间，是秦楚、楚汉战争时期，加上汉朝立国之后，曹参还参加了一系列的征讨叛乱活动，所以主要记的是军功。这军功记得是前所未有地密集和细致。最后还有这么一段话：

> 参功：凡下二国，县一百二十二；得王二人，相三人，将军六人，大莫敖、郡守、司马、候、御史各一人。

从文本样式看，一般认为，这部分的内容一定是司马迁从兰台秘府所藏的曹参军功档案和功劳簿上直接抄录的。

平陽侯

索隱曰蕭相國曹相國留侯絳
侯五宗三王六篇可合爲一篇

曹參者沛人也。張華曰曹
參字敬伯。
索隱曰地理志平陽故城也
志並云參字敬伯。正義曰晉州城
即平陽故城也屬河東春秋晉及博物
正義曰浚令徐州縣也

秦時爲
沛獄掾而蕭何爲主吏。居縣爲豪吏矣。高祖爲
沛公而初起也參以中涓從。
漢書音義曰中涓者
中謁者。索隱曰浚如
淳曰地理志二
漢書音義曰
縣名比蜀山陽也
義曰方音房與
索隱曰方音房與
玄反米擊胡陵
攻秦監公軍。
漢書音義曰地理志
縣名比蜀山陽也
義曰方音房與
音古浚縣名
友反米擊胡陵
將擊胡陵方與。攻秦監公軍。者公名秦一郡
置守尉監
正義曰監郡
索隱曰本紀四川監
平則平是名公爲相尊之補
三人。索隱曰本紀四川監
平則平是名公爲相尊之補
沛獄掾而蕭何爲主吏。居縣爲豪吏矣。高祖爲
大破之東下薛擊泗
水守軍薛郭西復攻胡陵取之徙守方與方與

第二截，是汉惠帝元年以后。这段时间又分两个部分，前一部分是汉惠帝二年之前，曹参主要在齐国做丞相，也就是做地方工作，记的也基本还是实绩。其中最著名的，是曹参听从一位名叫盖公的地方贤达的建议，在齐尝试以黄老之道治国，和听说萧何死了，赶紧准备进京，而吩咐手下重视"狱市"，别让监狱里人满为患，这两件事。顺便说一下，这个"狱市"究竟是什么意思，没有定论，有学者推测可能是一种民间"私了"场所，因为所涉之事既有关刑罚，又具有交易特征，且在"市"也就是当时的集市里进行，故名"狱市"。[2]第二部分，是汉惠帝二年之后。这段时间，曹参进了京，成了国家领导人，但《曹相国世家》所记，他没有做什么实际的工作，天天喝酒天天混，成就了那个著名的成语"萧规曹随"，也就是萧何设计好路线，曹参跟着走。

"萧规曹随"最大的特征，是不创新。不创新的理由，有两个方面。以往谈的比较多的，是不扰民，休养生息，这没有错。但司马迁在《曹相国世家》里透露出的，还有整体政策的唯上和个人的明哲保身。

所以，从内在的结构上说，《萧相国世家》和《曹相国世家》两篇，都是用前实后虚的形式，写出了汉朝立国前后，中央领导阶层行事方式的重大转变，从战争年代的锐意进取，变成了和平时期的明哲保身。政府政策层面的不

萧、曹二相国《世家》

201

创新，当然有客观的原因，但同时不容忽视的，还有当时独特的唯刘邦是尊、唯吕后是尊的政治环境。

与此同时，无论是在《萧相国世家》还是在《曹相国世家》，淮阴侯韩信像一个幽灵，一再出现。

淮阴侯韩信的具体事迹，我们到讲列传部分时会详细讲。在《萧相国世家》里，淮阴侯韩信出现了两次。第一次是在说萧何帮刘邦"收秦丞相御史律令图书藏之"之后，说"何进言韩信，汉王以信为大将军。语在《淮阴侯》事中"。这一情节，是今天我们熟知的"萧何月下追韩信"故事的来源。

第二次是在汉十一年，说"淮阴侯谋反关中，吕后用萧何计，诛淮阴侯，语在《淮阴》事中"，意思是韩信策划谋反关中所在的汉朝中央政府，吕后用了萧何的计谋，诛杀了淮阴侯，这事的详细记录，在《淮阴侯列传》里。接着写到，"上已闻淮阴侯诛，使使拜丞相何为相国，益封五千户，令卒五百人一都尉为相国卫"。意思是老大听说淮阴侯已经被干掉了，就派了一位特使，专程去封丞相萧何做相国，还额外再加封给萧何五百户人家，并派了一支五百人的部队，由一位都尉率领，保护相国大人。因为淮阴侯韩信最早由萧何引荐给刘邦，最后又因为萧何的出谋划策而死，所以就有了后来那个家喻户晓的成语"成也萧何，败也萧何"。

在《曹相国世家》中，淮阴侯韩信的出现方式更令人震惊。司马迁在前面铺垫了那么多的源自功劳簿的曹参战功，到最后的"太史公曰"，竟直白地说："曹相国参攻城野战之功所以能多若此者，以与淮阴侯俱。及信已灭，而列侯成功，唯独参擅其名。"翻译成现代汉语就是：曹大总理战功之所以如此卓著，是因为都是跟淮阴侯一起打仗的。等到韩信被干掉了，论功封侯的时候，好名声就都算到曹参头上了。

当然，如果太史公在《萧相国世家》和《曹相国世家》里，仅限于摹写萧、曹两届政府总理与开国元帅的爱恨情仇、此消彼长，那《史记》就不过是个历史宫斗剧的脚本了。司马迁了不起的地方，是他一方面"不虚美，不隐恶"，实事求是地书写西汉顶级官僚的前生今世；另一方面，又尽可能地比一般人站高一层，从长时段的角度，去理性地看待历史中存在复杂纠葛的人和事。

无论是《萧相国世家》还是《曹相国世家》，在最后的"太史公曰"部分，司马迁都恰如其分地表达他对本朝建国之初两届政府总理的肯定。

在《萧相国世家》里，说萧何"谨守管籥，因民之疾秦法，顺流与之更始"，意思是萧何干的是掌管门锁和钥匙的工作，这方面他很谨慎，同时他又很懂民心，知道汉初的老百姓都痛恨严苛的秦朝法律，所以顺应潮流，重起炉

像 叅 曹

明人拟想的曹参像

灶。司马迁还很有意思地把萧何比作闳夭和散宜生，闳夭、散宜生是《周本纪》里出现过的两位名臣，他们先用非常方法把周文王从羑里救了出来，然后又参与了周王朝的开国事务。

在《曹相国世家》里，说曹参"为汉相国，清静极言合道"，意思是曹参做汉朝的相国，主打清静无为，特别强调要合乎黄老之道。言下之意，就是没干什么实际的工作。但是，接下来又说，"然百姓离秦之酷后，参与休息无为，故天下俱称其美"，意思是虽然没干什么实际的工作，但是正当老百姓脱离秦朝的残酷统治之后，曹参让他们休养生息，无为而治，所以天下人都称赞他做得不错。

虽然表扬的尺度都并不算大，却写出了两届相国顺应大势，合乎民意，不做形式主义表面文章的工作策略及其现实成效。由于这现实成效中还包括了个人功成名就、子孙继承爵位的家族荣耀——曹参是平阳侯；萧何是鄜侯，死后还给了个谥号，叫文终侯——因此，又从另一个侧面，客观地说明了这两位和他们的家族，何以有资格进入三十世家的理由。

《留侯世家》：
他在旱桥下，捡了一只鞋

上一节我们讲了《萧相国世家》和《曹相国世家》，这一节我们讲《留侯世家》。

留侯就是张良，汉高祖刘邦身边大名鼎鼎的军师。他的长相，据见过他画像的司马迁说，是"状貌如妇人好女"，就是说像个女的，还是个美女。但《留侯世家》写张良，开场第一幕，就是纯爷们干的事——谋杀，而谋杀的对象，则是秦始皇。

说张良的祖上是战国时代东方六国中的韩国人，祖父和父亲两代，连着在五位韩王手下做丞相。因为这层关系，虽然张良自己没有在韩国做过官，但年轻时候就立志为韩报仇。他放着家里的三百个仆人不管，弟弟死了也不下葬，只做一件事，就是拿出全部的家庭财产，找人刺杀

像 良 張

明人拟想的张良像

秦始皇。

他通过一位叫仓海君的，招募到一位大力士，又做了个重达一百二十斤的铁锤，趁秦始皇东游到一个叫博浪沙的地方，让大力士把那个锤子抛了出去。可惜，没击中秦始皇的专车，只击中了后面的护卫车辆。正如日中天的秦始皇遭到如此危险的袭击，自然暴怒，按照《秦始皇本纪》的记载，有整整十天，秦朝举国上下都在搜捕张良。但有意思的是，张良居然改名换姓，跑了。

《留侯世家》开头记的张良谋杀秦始皇的故事，后来引起学界讨论的，主要有两个问题：一个是仓海君和大力士，究竟是何方高人；一个是张良改名换姓，那他原来的名字，究竟叫什么。

第一个问题，最有意思的回答是，仓海君可能是朝鲜半岛的地方首领，因此，那位能抛出一百二十斤铁锤的大力士，应该也是朝鲜人。理由是西汉时代确实有过一个苍海郡，是汉朝收编貊秽国而成立的，而貊秽国的地盘就在朝鲜半岛的东部。[1]当然，也有中国学者认为，仓海君就是个虚构的人物。

第二个问题，一般认为张良原来应该姓姬，至于名什么，已经无法考证了。不过他改名张良后，还有个字，就是子房。中国人名和字一般是意义相关的，"良"和"子房"在什么样的层面可以勾连起来，确实比较让人困惑。所以也有一种可能，张良仅仅是个假名，而子房是他本来

留侯〔正義曰括地志云故留城在徐州沛縣東南五十五里今城內有張良廟也〕張良者〔索隱曰韓昭云今屬彭城按張良封於留故也〕

其先韓人也。〔以始見高祖於留故也索隱曰韓昭並以良為韓之公族姬姓也秦索賊急乃改姓名而韓先有張去疾及張譴恐非良之先代也正義曰顧氏按後漢書云張良出於城父縣父城縣屬潁川也〕

歷代相韓故知其先韓人也。〔按王符皇甫謐並以良為韓之公族姬姓也〕

大父開地，〔應劭曰大父名也正義曰括地志云張良出於城父縣〕相韓昭侯、宣惠〔索隱曰系本並作桓惠王〕王、襄哀王。父平，相釐王、悼惠王。悼惠王二十三年，平卒。卒二十歲，秦滅韓。良年少，未宦事韓。韓破，良家僮三百人，弟死不葬，悉以家財求客刺秦王，為韓報仇，以大父、父五世

明嘉靖年間秦藩刻本《史記》裏的《留侯世家》卷端（天一閣博物院藏）

的字，两者原本就没有什么关联。[2]

关于张良的早年，比上面这个暗杀秦始皇的故事更出名的，是《留侯世家》里记的那个圯桥拾履的故事。

这故事的情节，大致是这样的：

因为谋杀秦始皇没有成功，张良只好逃亡，最后在一个叫下邳的地方躲了起来。有一天他出门溜达，在一座桥上碰到了个穿普通麻布衣服的老人。这老人走到张良跟前时，故意把自己的鞋子落到桥下，然后看着张良说："小子，下去帮我把鞋捡上来！"张良愣了一下，真想揍这老家伙一顿。但看他年纪大了，就强忍着下去捡鞋。等鞋捡上来了，老人居然又命令他："给我穿上！"因为已经帮他把鞋拿上来了，张良就好人做到底，跪着帮老人穿上了鞋子。老人挺着脚看张良帮自己穿上了鞋，也不道个谢，只是笑笑，走了。这让张良大为吃惊，眼睛一直盯着，看老人远去。没想到，老人走了一里路左右，又折回来，跟张良说："孺子可教也。过五天，平明时分，你来这里和我见面。"张良虽然觉得怪怪的，但还是跪着答应了。

过了五天，平明时分，张良应约去了老地方，没想到老先生已经在那里了，还跟他发脾气，说："跟老人相约，却晚到了，为什么啊？"然后不由张良分说，就走了，走时撂下一句话："过五天，你再早点来。"

这样又过了五天，张良提早到鸡鸣时分就去了。没想到，老先生还是先到了，而且又怒斥他："你又晚来了，为什么啊！"接着还是不由分说，走了，临走撂下的还是那句话："再过五天，你再早点来。"

张良没有办法了，五天之后，索性提早到夜半时分还不到，就去了。这次老先生没有在他之前到，而是过了一阵子才出现。老人看见张良终于先到了，很高兴，说："就应该像这样嘛。"然后拿出一捆书，说："读了这部书，你可以做帝王的老师。过十年你会成气候的。过十三年小子你会在济北见到我，谷城山下那块黄石，就是我。"说完这几句，就又走了，而且再也没有露面。等天亮了，张良打开书卷，才发现是一部名叫《太公兵法》的兵书。

因为这个圯桥拾履的故事收入了中学课本，相信很多读者都非常熟悉。不过，这故事当中，其实还是存在几个可以讨论的地方。

北京大学白化文教授写过一篇题为《"圯上进履"解说》的文章，说到这个故事中三个值得注意的问题。

第一个问题和第二个问题，都源自《留侯世家》的原文，就是这个故事的开头第一句话"良尝闲从容步游下邳圯上"。

第一个问题，这句话里的"闲"，经常被简单地解释为"闲"，就是趁着空闲时。白教授认为，这样解释就显不出张良还是一个通缉犯的特征了。这里的"闲"，恐怕应该是张良趁着个人空闲时，和追捕风声稍松的时节，两者兼而有之。另外，这个"间"跟下面的"从容"连在一起，修饰那个"步"也就是溜达，白教授认为是很能传神地写出"张良从举止上尽量表现出没事人的样子"。这也是很到位的解释。

第二个问题，这句话里的"圯上"，《史记》旧注解释为桥上，但其实它可能应该写作"汜上"。因为根据中国早期著名的辞书《尔雅》的解释，"汜"就是"穷渎"，而所谓"穷渎"，就是已经不通水的干涸的河道。也正是因为是干涸的河道，所以老人才可以让张良去捡鞋，并且很快捡到。否则，张良不是要下河游泳了吗？而且用常识就可以推断，就是下河游泳了，也基本上是捡不到鞋的。当然，这个解释不是白教授发明的，清代以来，已经有不止一位学者指出过了。如果这样的解释可以接受，那么"圯桥拾履"故事的定名，其实可以修订为更为通俗的"旱桥捡鞋"。

第三个问题，是这个故事里记录的时间的早晚，用的不是我们熟悉的几点钟，而是"平明""鸡鸣""夜半"这样的特殊称呼。这些特殊的称呼指的是什么时间呢？白教授为大家做了一点科普工作，介绍了先秦两汉的两种记时间方法。一是十二地支计时法，就是一天分为子丑寅卯辰巳午未申酉戌亥十二个时辰，一个时辰等于现在的两个小时；另一种他说得比较复杂，我们简化一下，其实就是

十二地支计时法流行之前，用比较形象的称呼来命名的一
种计时法，现在一般认为，汉代通行的也分作十二个时段，
名称依次是夜半、鸡鸣、平旦（平明）、日出、食时、隅
中、日中、日昳、晡时、日入、黄昏、人定。其中夜半是
十二点前后，鸡鸣是两点前后，而平明是四点前后，所以
张良最后一次是在前一晚就去赴约了。[3]

　　顺便补充说一下，我们今天熟悉的刻着 24 小时制的
钟表，是 16 世纪从欧洲传入的。传入以后，中国传统的
一个时辰叫"大时"，而西式钟表上的一个时间单位叫
"小时"。大家已经习以为常的"小时"的说法，就是这
样来的。

　　圯桥捡鞋故事中的老人，因为跟张良说了谷城山下那
块黄石就是他，后来就被称为黄石公，他在中国历史上一
般的定位，是一位精通兵法的神仙。但从他偶遇张良的经
历看，也有学者认为他更可能是一位反秦义士，因为知道
张良的经历，而有意扶持他继续反秦；他反复作弄张良，
也应该是为了磨炼张良的忍耐力。《太公兵法》是一部专
讲权谋的兵书，但是否真的是姜太公所作，是没有办法证
实的。

　　《留侯世家》前半部分讲述的张良谋杀始皇和圯桥捡鞋
故事，在《留侯世家》全篇中具有指引张良一生的重要地

213

位。在两个传奇故事之后，《留侯世家》就进入到楚汉相争和汉朝初建两个时期，这中间张良的所作所为，基本目的都跟谋杀始皇、为韩报仇有关，而主要手段，则源自圯桥捡鞋所得的那本《太公兵法》。

从《留侯世家》看，跟萧何、曹参不同，张良在遇到刘邦之后的人生，并没有比较明显的前后之分。在楚汉相争时期，他基本上没有参与实际的征战或者后勤保障工作，主要是为刘邦出谋划策，也就是做高级智囊，其中最杰出的贡献，是为还在做汉王的刘邦，推荐了黥布、彭越、韩信三位名将，积累了日后击败楚霸王的人才资源。在汉朝建立以后，他虽然也注意明哲保身——比如汉六年封功臣的时候，刘邦让他做万户侯，他急流勇退，说："臣下我希望封在留这个地方就知足了，三万户不敢当。"因为留这个地方，是他跟刘邦初次相遇极有关系的地方——但也并非毫无作为。他既没有像萧何这样跟旧日的同僚韩信过不去，置人于死地，也没有像曹参那样整日沉醉，无为而治，而是一方面继续力所能及地为刘邦出谋划策——比如建议刘邦封最不喜欢的下属雍齿为侯、赞同同僚定都关中的倡议等等，甚至在刘邦想换太子的时候，还及时地为太子的生母吕后，找到了辅佐太子的得力人选，就是后来被称为商山四皓的四位高龄的社会名流——另一方面又很有文化地学辟谷、做道引，以一种独具特色的姿态，游离于残酷的政治游戏场外。当然，其中还有一个很现实的原因，就是他身体不太好，多病。

　　在刘邦还没有打下天下的时候，张良的多病是真实的。但到跟着刘邦进关以后，就不是简单的生病了。他曾经"即道引不食谷，杜门不出岁余"，也就是练气功，不吃饭，有一年多都没有出门。到汉十二年，刘邦病得厉害，有特别强烈的愿望要换掉早定的太子，让戚夫人所生的小儿子如意上位，连张良的劝也不听，张良就只好"疾不视事"，也就是借着生病，不管具体的朝廷事务了。后来他短暂出山，跟着刘邦讨伐代地的叛乱，回来后就扬言，要舍弃人间红尘中的俗事，想跟随赤松子一起玩。赤松子是谁呢？似乎谁也没有见过。不过赤松子的名字，早在《楚辞》的《远游》篇里就出现了，似乎是一位自带轻功、可以逍遥远游的仙人。不过，张良跟赤松子玩的梦想并没能实现，他被吕后强拉着重新吃起了饭，最后也只能和常人一样死了。他的留侯名号，也只传了一代，到他儿子张不疑，就被汉文帝削除了。

　　从整体上看，《留侯世家》是《史记》三十世家里，跟世家一体不无矛盾的一个篇章，其中充满了张良个人传奇的故事，这些故事是司马迁自己写的，还是另有来源呢？
　　我想，首先应该肯定的是，司马迁为撰写这篇《留侯世家》，准备了相当丰富的史料。在《留侯世家》的后半部

《留侯世家》

分，有一句很值得注意的话，就是："及立萧何相国，所与上从容言天下事甚众，非天下所以存亡，故不著。"意思是等到皇上让萧何做相国了，张良还跟皇上从容地讨论了很多国家事务，但因为不涉及天下存亡的原因，就不写在这里了。可见，司马迁掌握了但没有写进《留侯世家》的故事还有不少。

其次，《留侯世家》中的部分素材，应该来源于陆贾的《楚汉春秋》。但司马迁在写作时，大概根据别的史料，做了必要的修改与调整。

为什么这样说呢？因为有两个比较明显却相反相成的例子。

第一个例子，是《留侯世家》里记的一则张良早年的轶事，说项梁派张良找韩国王室后裔韩成，帮他立为韩王，而让张良做韩王手下的"申徒"。这个"申徒"的官职，按照《汉书》的记载，也就是大家熟知的"司徒"。不过按照清朝学者周寿昌的说法，韩信在韩王成手下干的官职，《楚汉春秋》里记的是"信都"。[4]信都、申徒和司徒，虽然用字不同，其实不过是同一官职的不同方言记音吧。重要的是这一记录说明，《留侯世家》所记的张良早年事迹，是它之前的《楚汉春秋》里就有的。

第二个例子，是我们现在见到的，在用从古书里找出的引用文字，汇编而成的陆贾《楚汉春秋》辑本里，有一则很有意思的张良故事，不见于《留侯世家》。

说是淮阴侯造反了，皇上（也就是刘邦）亲自率军去平乱，张良的分工是留守首都。皇上因为龙体欠安，是坐在一辆可以躺着睡觉的专车里出征的。走了已经有三四里地了，留侯忽然擅离职守，追赶皇上的专车。最后还真的追上了，可那个狼狈啊，头上的簪子掉了，披头散发的，但他都不管，赶上车，就拉开皇上的车门帘，说："陛下要是弃天下而去，您是要用王的规格下葬呢，还是用平民布衣的规格下葬啊？"刘邦一听，这算什么话啊，骂道："你爹我是天子，干嘛要用王和布衣的规格下葬啊。"张良正要这样的效果，马上回说："淮南王在东边造反，淮阴侯在西边为害，我是害怕陛下您阴沟里翻船，了此一生哎。"

　　这则出现在宋朝著名类书《太平御览》第三九四卷里，注明是出自《楚汉春秋》的张良故事，以一种过于戏剧化的形式，展现了关键时刻刘邦、张良君臣之间的特殊关系。但因为其中说的"淮南反于东，淮阴害于西"并非事实，所以司马迁不取入《留侯世家》，是有道理的。

　　在《留侯世家》最后的"太史公曰"里，司马迁又一次回到了那个著名的旱桥捡鞋故事，说"至如留侯所见老父予书，亦可怪矣"，意思是至于留侯所见到的那位老先生给他书，也真是很奇怪的事情。但重提这个故事的目的，是为了重复在《留侯世家》本文里已经出现过的刘邦对于张良的点赞，就是那句"运筹策帷帐之中，决胜千里外"，这句话被后人修改为整齐的六言对句"运筹帷幄之中，决胜千里之外"，而广为人知。但司马迁对此的解释，仍然只有虚幻的六个字"岂可谓非天乎"，意思是难道可以说不是上天的安排吗。可见对于这位以善谋略、懂兵法闻名的本朝第一军师，司马迁尽管总体上是仰视的，但终究还是不免有点隔膜。

《陈丞相世家》:

什么叫阴谋，何以称宰相

上一节我们讲了《留侯世家》，这一节我们讲《陈丞相世家》。

陈丞相是谁？就是刘邦智囊团里大名鼎鼎的陈平。因为在刘邦死后的汉惠帝吕太后时代和汉文帝时期都做过丞相，所以《史记》称他为陈丞相。

《史记》的这篇《陈丞相世家》，除了最后的"太史公曰"，很明显地分为四个部分。其中前三个部分，都是陈平的故事集。第四个部分写的，是他的后人继承他封侯的爵位和侯国的事。

我们把这四个部分的内容联系起来看，会发现这篇《陈丞相世家》在结构上是经过精心安排的。

陳丞相世家第二十六　史記五十六

陳丞相平者陽武云牖鄉人也　地戶牖今為東昏　少時家貧好
讀書有田三十畝獨與兄伯居伯常耕田縱平
使游學平為人長美色人或謂陳平曰貧何食
而肥若是其嫂嫉平之不視家生產曰亦食糠
覈耳　者也晉灼音紇　駰案孟康曰覈麥糠中不破者　有叔
如此不如無有伯聞之逐其婦而棄之及平長

索隱曰徐廣云陽武屬梁國耳徐又云戶牖鄉屬陳留地理志同按是秦時戶牖鄉屬陽武至漢以戶牖鄉屬陳留縣故城在沇州陳留縣東北九十里

徐廣曰陽武屬魏郡而地理志屬河南郡而地理志屬為東昏縣屬陳留陳留風俗傳云東昏

徐廣曰覈音核騶奭音式

明嘉靖年间秦藩刻本《史记》里的《陈丞相世家》卷端（天一阁博物院藏）

怎么个精心安排呢？

简单地说，就是《陈丞相世家》的第一部分，写的是发迹前的陈平，如何有做宰相的宏伟心愿；第二部分却宕开一笔，专门写从加入反秦大军到汉高祖立国之初的陈平，如何帮刘邦出奇计，搞阴谋；第三部分则回应第一部分，写他终于在后刘邦时代当上了宰相，如何自保，并兼保刘家江山；第四部分又关键性地回应第二部分，讲陈平曾经如何反思自己的特长——搞阴谋。

很显然，在《陈丞相世家》里，司马迁把陈平的一生写成了"阴谋"和"宰相"这两个主题的协奏。

那么，在《陈丞相世家》里，搞阴谋和做宰相这两个主题，具体是如何交替呈现的呢？

先看《陈丞相世家》的第一部分。同样是写汉朝开国功臣的早年，跟前面我们讲过的其他几篇世家相比，《陈丞相世家》第一部分里写的早年陈平，故事最多，细节最丰富，情节也最出彩。

其中有两个故事，最能显出早年陈平的不同凡响。

第一个故事，是说陈平是个高高大大的美男子，到了可以娶媳妇的年纪，却高不成低不就。但同乡有一个姓张的富翁，看上了他，要把自己的孙女嫁给他。而这位张家孙女呢，原本是个嫁过五回，每一回都出嫁不久就死了丈夫的寡妇。陈平倒也不嫌弃她克夫。反倒是张寡妇他爹，也就是张富翁的儿子，嫌弃陈平太穷，又没有正经职业。张富翁呢，很有远见，出钱出人，帮陈平娶了自己的孙女，还语重心长地教育自己的儿子，说："长得像陈平这样帅的，你见过有一直拿低保、不发达的吗？"

第二个故事，则说陈平不仅人长得美，而且脑子好使，志向远大。乡里举行一种名为"社"的集体祭祀活动，陈平在活动中担任主宰，也就是分肉的工作，他分肉分得非常均匀，得到乡里父老的赞许，说："陈家小子做主宰，做得真好！"陈平趁势还发感慨，说："哎呀，要让我陈平有机会主宰天下，也可以像宰这块肉一样的啊！"

"宰天下"的说法，自然会让人联想到陈平后来的做宰相。而说到那个作为集体祭祀活动的"社"，其实我们在讲《殷本纪》时曾经提到过，它的祭祀对象是土地神，它因此也叫社祭。据研究，秦朝的"社"是和"里"这种最基层的建制共为一体的。换句话说，就是凡有一里，必有相应的社祭的活动。社祭的场所，一般是有大树或丛林的地方。社祭的时间，大致有春、秋两回。社祭活动时必不可少的道具，就是作为贡品被宰杀的猪或者鸡。祭品上供之后，很重要的一项工作就是分肉。而陈平当年担任的主宰，干的就是分肉的工作。由于乡间里社的祭祀是非官方性质的，因此分肉是否均等合理，就是一项带有展示乡村社会公平特征的微妙举措，陈平能让"父老"也就是乡里的头面人物们认可，自然很不简单。

跟第一部分的出彩故事不同，《陈丞相世家》第二部分里的陈平事迹，充满了灰暗的色调。

这部分一开始，就写了被秦末农民暴动裹挟着参加了反秦活动的陈平，在寻找老大的过程中，一波三折。他先跟魏王咎造反，再上了项羽的贼船，最后几经周折，才经人介绍，傍上了当时唯一足以跟项羽叫板的大佬——刘邦。

刘邦就像个风投老板，应陈平的强烈邀请，跟陈平面谈了一次，很有感觉，就投他了。但刘邦身边的周勃、灌婴看不上陈平，一个劲儿地说他的坏话，这坏话说来说去就两条：一条是陈平人品不好；另一条是陈平徒有其表，没有真本事。

陈平则以实际行动回应了周、灌两位的诋毁。只是他的实际行动，说起来也有点上不得台面，因为主要是教刘邦使阴招，搞阴谋。

据《陈丞相世家》的记录，在刘邦活跃的时代，先后有三招最为著名。

第一招是在楚汉相争，刘邦被围困在荥阳城的时节，为了破楚，陈平教给刘邦的是反间计。

因为在楚汉两个阵营都待过，又很懂刘邦，所以陈平跟最高领袖说话，有一种同一个阵营里难得一见的直率。比如他说项羽为人，能恭敬爱人，但小气；作为对照，他直白地跟刘邦说："大王您呢，对人轻慢而没什么礼貌，所以讲廉节的读书人都不会来投奔您；但大王您也有优点，就是给人封爵城池田地很爽快，所以读书人中间那些没啥脑子、追逐金钱的无耻之徒，会有很多来投奔您。"他这么说，刘邦倒也不生气。而对于他建议的反间计，就是以楚霸王项羽手下的几个"骨鲠之臣"也就是最有骨气的大臣，亚父、钟离眜、龙且、周殷等为主攻方向，拿出几万斤黄金搞反间计，离间楚霸王君臣，刘邦是言听计从。结果，生性多疑的项羽果然怀疑起了其实忠心耿耿的钟离眜和亚父，西楚王朝的内部，开启了自相残杀的模式。而刘邦一方，则解套突围。

第二招是在刘邦已经做天子之后，为了降服当时已经做楚王的韩信，陈平教给刘邦的是诈骗术。

他跟刘邦说："南方有云梦泽，陛下你不妨假托要出游云梦，在陈那个地方跟诸侯们会合。陈是楚的西方边界，韩信听说天子因为喜欢而出游，看趋势一定是平安无事了，所以会到郊外来迎接拜谒您。他来拜谒了，陛下您就可以顺势把他抓起来，这只不过是一位有力量的士兵干的活儿。"结果韩信果然中招被捕。

第三招是在汉朝和匈奴在平城对峙时期，为了救出被围困的刘邦，陈平使出的据说是美人计。

　　关于平城之战，《陈丞相世家》里写得比较简单。尤其是写到高祖被匈奴围困，连着七天都吃不上饭，之后仅说，"高帝用陈平奇计，使单于阏氏，围以得开"，意思是汉高祖用了陈平出奇制胜的计谋，派个使节，去见匈奴首领单于的太太阏氏，匈奴的围攻才得以开了个口子，高祖因此得以脱离险境。但究竟陈平所出，是一个怎样的"奇计"呢？《陈丞相世家》并没有写。紧接着上面那句"围以得开"，《陈丞相世家》写的只有"高帝既出，其计秘，世莫得闻"十一个字，意思是高祖已经从平城脱险了，陈平的计谋就成了国家机密，外界都无法知道。

　　《史记》之后的《汉书》和《资治通鉴》，都记录了当年陈平采用的是美人计。这美人计的大意，是陈平派人跟匈奴单于的大太太阏氏说，我们汉王为了脱险，打算给你们单于送汉朝的美女过来。汉朝的美女来了，单于的身边就等于有个年轻美貌的小三了，那阏氏您的太太地位就有麻烦了。阏氏一听，那怎么行，就赶紧找了个说法，让单于网开一面，放过刘邦一伙。

　　但我们追溯这美人计的文献源头，发现它并非班固或司马光的发明，而出自同样是汉朝人的桓谭所写的《新论》。《新论》所记也不是事实叙述，而只是桓谭个人的一种想象性的推测。所以有不少的现代学者认为，陈平在平城之战时为高祖所出的阴招，恐怕并不是什么美人计，而是让汉朝有更大损失的屈服于匈奴的计划。[1]

在接下来的第三部分里，《陈丞相世家》描写的，是熬过了汉高祖管控的岁月，终于迎来了自己仕途最高潮的陈平。这时他梦想成真，真的做汉王朝的宰相了。

陈平是从孝惠帝六年开始上位的。虽然中间有跟安国侯王陵、辟阳侯审食其、绛侯周勃三位合作的经历，先从左丞相升为右丞相，又从右丞相主动要求降为左丞相，但他先后有两个阶段，其实是汉王朝上下唯一的宰相。其间最引人注目的，是他晚年跟汉文帝讨论宰相职责的一段对话。

那时周勃还在右丞相的位置上，汉文帝刚刚开始亲自过问国家大事，上朝的时候，就问右丞相周勃，一年里判决的案子有多少件，钱粮的支出和收入是怎么个数，搞得周勃汗流浃背，只能抱歉说不知道。而当文帝拿同样的问题问左丞相陈平时，陈平的回答很干脆："有主管部门。"并在文帝追问时坦然回应说："陛下要问判决案子的事情，就请询问廷尉；要问钱粮方面的事情，就请询问治粟内史。"文帝也很厉害，再次反问道："如果这些事情各有主管部门，那么你主管什么事呢？"陈平听出文帝不高兴了，就赶紧道歉，并从上下内外四个方面，向文帝解释了宰相的职责。他说："宰相的职责，是上辅佐天子董理阴阳，顺应四时；下培育万物，使它们处于恰当的位置；外镇抚四方蛮夷和各路诸侯；内使老百姓亲近依附，让卿大夫各司其职。"文帝听了这话，给他点了个赞，考核才算是通过了。

对于陈平有关宰相职责的这一回答，这里有必要做一点补充性的解释。那就是陈平在讲宰相的职责前，还说了一段以"主臣"二字开头的话。"主臣"这两个字是什么意思，向来就有两种说法：一种说法很容易理解，就是说宰相的职责，是主管臣子。但这个解释，跟紧接着"主臣"而来的一段话"陛下不知其驽下，使待罪宰相"，有点搭不上，跟后面的上下内外四个方面的解释宰相的职责相比，也过于狭窄了。另有一种相对而言更为古老的说法，说这个"主臣"是西汉当时一种特定的口语，表示回答时自己诚惶诚恐的态度。这两个字组成的词，在《史记》的《冯唐传》里也出现过，在那里似乎以第二种说法来解释更通顺，所以一部分学者认为，在《陈平世家》里，也许采用这后一种说法更稳妥些。[2]

按照《陈丞相世家》的记载，陈平死于汉文帝二年。因此到《陈丞相世家》的第四部分，是以极为简略的笔触，写他的子孙继承侯爵位子的事。其实只有他的三个儿子轮流做了一阵子侯，孙子就压根儿没轮到，这侯国就被削除了。不过写这些的目的，主要还是在引出陈平生前的一段原话：

227

我多阴谋，是道家之所禁。吾世即废，亦已矣，终不
能复起，以吾多阴祸也。

意思是我平生搞了太多的阴谋诡计，这是道家禁止干的。
我这一支就是废了，也只能算了，终究是没法再红火起来
的，因为我埋下了太多的缺阴德的祸害。

　　《陈丞相世家》就在这样的宰相和阴谋两个主题交替
出现的结构中，完成了它的叙事。需要特别说明的是，在
《史记》三十世家写汉朝开国元勋的这一系列世家中，像
《留侯世家》《陈丞相世家》这样的文官世家，从可依赖文
献的角度说，远比行伍出身的萧何、曹参、周勃等人的世
家要难写，因为没有军功档案、功劳簿等可以依循。而同
样是文官，像陈平这样以阴谋起家的，又比张良那样以阳
谋立身的更难写。其间的因果关系，显然非常微妙复杂，
但司马迁竟然主要依据故老传闻，把它们组织得很有条理，
这也真是非常神奇的事情。而最神奇的，莫过于他竟然找
到了陈平曾经的自述，其中包括了自己对"阴谋"的反省。
用今天的话说，这是何等超水准的深度报道啊！

　　不过，面对这么一位擅长阴谋的宰相，我想读者朋友
此时最希望知道的，一定是太史公究竟如何评价他吧。很
有意思的是，在《陈丞相世家》最后的"太史公曰"部分，

侯謝病請免相陳平專為一丞相孝文帝
二年丞相陳平卒諡為獻侯子共侯買代
侯二年卒子簡侯恢代侯二十三年卒子
何代侯三十三年何坐略人妻棄市國除
始陳平曰我多陰謀是道家之所禁吾世
即廢亦已矣終不能復起以吾多陰禍也
然其後曾孫陳掌以衞氏親貴戚願得續
封陳氏然終不得
太史公曰陳丞相平少時本好黃帝老子

朝鲜时代刻本《史篡》所收《陈丞相世家》书影，内有"我多阴谋"等语。

司马迁对这位曾经惯用阴谋的丞相，竟然没有一句批评的话，他说：

　　陈丞相平少时，本好黄帝、老子之术。方其割肉俎上之时，其意固已远矣。倾侧扰攘楚魏之间，卒归高帝。常出奇计，救纷纠之难，振国家之患。及吕后时，事多故矣，然平竟自脱，定宗庙，以荣名终，称贤相，岂不善始善终哉！非知谋孰能当此者乎？

这段话翻译成现代汉语，大概就是说，陈平丞相年轻的时候，原本是喜欢黄帝、老子那一套的。当他在乡里社祭的砧板上为大家分割祭肉的时候，他的心意就已经很远大了。他在楚王和魏王之间跳来腾去，最后还是归顺了咱们高皇帝。他经常为高皇帝出奇计，排除那些纷纷扰扰的危难，把国家从麻烦中解脱出来。等到吕后的时代，出了很多情况，而陈平最终居然自我保存，平安脱险，还为宗庙稳定出了大力，伴随着光荣的名声结束一生，被称为贤良的丞相，这难道不是所谓的善始善终吗！不是足智多谋的人，怎么能当得起这样的评价呢？

　　司马迁为什么这么评价陈平呢？我想理由主要是两方面，第一是陈平搞阴谋和做宰相不是同时出现的。仔细读一下《陈丞相世家》可以发现，汉高祖时代是陈平阴谋迭出的时期，而他每出一计，获得成功，刘邦就给他加封爵位，虽然先后加封了六次，却并没有给他很高的官位，最高也就是个护军中尉，这换个角度看，其实也就是控制使用；反过来，到吕太后和汉文帝时代，陈平身处宰相高位的时候，他已不再使阴招。而《史记》对于一个高官的终结性的评价，很多时候更看重的，是他在历史演变中所起的作用，而不是单纯的道德是否高尚。《陈丞相世家》太史公曰里说陈平"称贤相"，指的是一般的风评，也就是客观评价，因为他确实在楚汉相争、吕氏篡权等关键时刻，对汉王朝做出了重要的贡献。当然，另一方面，这段似乎十分正面的"太史公曰"，特意标出陈平的"善始善终"，能够"自脱"，也就是能保全自己脱离险境，最后还高度称赞他的"知谋"，您能说，这种赞美之中，真的没有一点轻微的蔑视吗？

《绛侯周勃世家》:
将军决战，岂止在沙场

上一节我们讲了《陈丞相世家》，这一节我们讲《绛侯周勃世家》。

我们在前面讲《汉兴以来将相功臣年表》，和上一节《陈丞相世家》里，都提到过周勃的名字。他是汉高祖刘邦的同乡，早年是靠"织薄曲"，也就是编织养蚕用的苇席为生，同时也打点零工，比如给家里死了人的吹个箫什么的。除此之外，还"材官引彊"，也就是凭借气力，能张弓射箭，当上了地方的预备役士兵。因为跟着刘邦南征北战，功勋卓著，这周勃在汉初受封列侯，封地在绛这个地方，所以司马迁为他写传记，就题为《绛侯周勃世家》。

不过，《绛侯周勃世家》写的不止是绛侯周勃，还写了

絳侯周勃世家第二十七　史記五十七

絳侯周勃者沛人也其先卷[徐廣曰卷縣在滎陽〇索隱曰卷音丘權反〇正義曰括地志云故卷城在鄭州原武縣西北七里鄭昭曰卷地名也字林音丘權反云屬河南地理志亦然然則後置炎於陽郡而卷隸焉音丘權反]人徙沛[蘇林曰薄一名曲垣雅城北方謂薄為曲月令曰具曲植籧曋索隱曰謂本以織薄曲為生〇索隱曰淮南云薄]勃以織薄曲為生[蘇林曰薄一名曲垣雅城北方謂薄為曲]常為人吹簫給喪事[如淳曰以樂要喪家若俳優語曰吹簫以樂喪嬪者〇索隱曰漢書音義曰喪家樂人也若樂人也或有辨樂]材官[材官挽強弓官也張高祖]引彊[案挽強弓官也〇索隱曰晉灼云申屠嘉為材官蹶張彊弩也]之為沛公初起勃以中涓從攻胡陵下方與方與反與戰卻適攻豐擊秦軍碭東還軍留及

明嘉靖年间秦藩刻本《史记》里的《绛侯周勃世家》卷端

周勃的儿子，被封为条侯的周亚夫。概括地说，这一篇文字主推的，是西汉前期两代高级将领的悲怆故事。

父子两代都是西汉前期的高级将领，为什么他们的故事，要用"悲怆"二字来形容呢？因为绛侯周勃和条侯周亚夫，父子两代的人生路径十分相似，都是由将入相，也就是先做军将，再做宰相，然后受到最高领袖的猜忌，被剥夺了相位，又投进监狱，周亚夫甚至还死在了狱中。

我们先来看看《绛侯周勃世家》是如何写周勃的。

除了开头十分简短地回顾周勃的早年生涯，《绛侯周勃世家》里涉及周勃的文字，很明显地分为三个部分，三部分的文风很不相同。

第一部分，是写汉高祖刘邦时代的周勃。简单地说，这部分的文风就是报流水账，其中最密集地出现的就两样东西，一个是地名，一个是数字。地名都是周勃作为军将攻城略地占领的地方，数字则是他平定的郡县数量和俘获的敌方相国、丞相、将军等人数。而时不时地，还会在攻某地、击某处句子的末尾，来一个"最"字；这个"最"，意思就是获得了头等功。不过，在这部分靠近末尾的地方有一句话，是以一个"最"字开头的，叫"最从高帝得相国一人，丞相二人，将军、二千石各三人"，这里的"最"，不是指获得头等功，而是"总的来说"的意思，因此这句话的完整意思就是：总的来说，周勃跟着汉高祖，抓到了敌方的一个相国、两个丞相、三个将军和三个拿二千石工资的高级官员。

很显然，《绛侯周勃世家》第一部分的内容，应该和我们前面讲过的《曹相国世家》一样，是依据绛侯的军功档案和功劳簿抄录或转写的。

那么，抄录或者转写这样的流水账，是不是除了记录周勃的军功，就没有什么其他的价值了呢？也不是的。就是在《绛侯周勃世家》的这段流水账里，夹着一句关于刘邦的话，很重要。

这句话记录的时代，是在反秦暴动初期，楚怀王熊心还有点权力的时候，说："楚怀王封沛公号安武侯，为砀郡长。"

刘邦做皇帝之前的封号，我们熟知的只有两个，一个是沛公，一个叫汉王。而《绛侯周勃世家》告诉我们，其实在这两个封号的中间，刘邦还有一个封号，叫安武侯，是楚怀王封的。而更重要的是，当时秦朝尚未灭亡，安武侯这个封号本是秦二世朝廷中一位大名鼎鼎的高官的封号。根据《秦始皇本记》后面附录的"秦记"，当时担任丞相的大奸臣赵高，顶着的就是"安武侯"的封号。楚怀王竟然把秦二世给赵高的封号送给刘邦，除了跟秦王朝公开叫板，恐怕也有将刘邦提升到未来楚丞相这一高位的意思。这让项羽知道了，该是何等难受的事啊。所以后来的楚汉相争，远因之一，也许跟这个安武侯也有点关系吧。

《绛侯周勃世家》第二部分主要写周勃如何在吕太后驾崩后，联合陈平，除去吕家势力，安定刘家江山。

这部分有两个地方值得注意。一是在写周勃出手打击吕氏势力前，先讲了一个周勃为人"木彊敦厚"也就是耿直敦厚、不会转弯的故事。说是周勃不喜欢舞文弄墨，每次找读书人或者说客谈话，总是不懂礼数，自己朝东坐在本来应该是宾客坐的位子上，命令对方："赶紧给我说。"司马迁对此的评语是"其椎少文如此"，意思是这位周将军，就是这样地戆、直，没文化。不过，在讲这个故事之前，司马迁又特意记录了一条重要的信息，就是周勃虽然如此"木彊敦厚"，而"高帝以为可属大事"，意思是汉高祖刘邦却认为可以把国家大事托付给他。这个故事跟下面紧接着讲的周勃陈平安刘故事，成为互相映照的一组，给人以深刻的印象。

另一个值得注意的地方是，尽管除吕安刘是周勃一生最出彩的事迹，但在《绛侯周勃世家》里却写得十分简略，而最后用一句"其语在《吕后》《孝文》事中"带过，意思是详情在《吕太后本纪》和《孝文本纪》中已经讲过了。我们把《吕太后本纪》和《孝文本纪》两篇中有关的内容，跟《绛侯周勃世家》有关的记载相比较，会发现事情的经过《吕太后本纪》讲得最详细；事情的定性《孝文本纪》讲得最明白。所以到《绛侯周勃世家》里，司马迁确实只需要用几句话就足够了。

相比之下，第三部分有关周勃在文帝时期的活动，写得最生动，也最让人唏嘘不已。

汉文帝掌握实权后，虽然一度把周勃捧到了右丞相的高位上，但很快就用了个让丞相带头去封国就任的理由，把周勃赶出了首都。周勃在封地绛国，总觉得要被灭了，所以每到河东太守出行来到绛的时候，就高度紧张，自己总穿着铠甲，让家人拿着武器见太守。后来就被人告发说他要谋反，下了大牢。他也没有别的办法，就拿了一千两黄金给监狱管理员。监狱管理员知道周勃的儿子娶的是汉文帝的公主，就给他在案牍的背面，写了一句话"以公主为证"，意思是让你们家公主儿媳出面，来证明您是清白的，加上周勃原本和薄太后的弟弟薄昭关系不错，自己增加封地接受赏赐的时候，把奖品都送给了薄昭，所以薄昭就在姐姐薄太后跟前，为周勃说了句公道话。薄太后得知消息之后发了脾气，待和文帝见面时，竟"以冒絮提文帝"，也就拿起手头的丝网头套就扔向了皇帝儿子，这周勃才算大难不死，被放了出来。他出狱之后说的最有名的话是："吾尝将百万军，然安知狱吏之贵乎！"这话里，是饱含着怎样的伤心、感慨和无奈啊。

除了写绛侯周勃悲怆的一生，《绛侯周勃世家》的后半部分还写了周勃的儿子周亚夫。

周亚夫受封的爵位是条侯。为什么周勃是绛侯，周亚夫不继承绛侯的爵位，而被封为条侯呢？那是因为周勃死后，绛侯的爵位是由他的大儿子周胜之，也就是那位娶了公主的幸运儿继承的。不过这位驸马爷跟公主关系一直不好，自己呢还挺狠，杀了人，结果封国被削除了。一年以后，汉文帝大概觉得有点可怜周家，就选了周勃的后人再封侯，封的地方叫条，而挑中受封的，就是周勃的另一个儿子周亚夫。

《绛侯周勃世家》写周亚夫也很有意思。它不是从亚夫的早年写起的，一上来写的就是有人给还没有发达的周亚夫看相，算出他悲剧性的结局，具体而言，说他三年以后会封侯，封侯八年以后会做将军当宰相，但再过了九年，会饿死。

然后呢，司马迁就用浓墨重彩，写了对照强烈的两个部分。

前一个部分，他写了作为将军的周亚夫人生中最出彩的两个故事：一个是细柳营屯兵，纪律严明，连皇帝也不能随意出入兵营；一个是平定七国之乱，为西汉中央集权制度的确立，扫清了道路。这两个故事分别发生在汉文帝和汉景帝时期。他的军功是如此地卓著，汉景帝没法不给他更高的职位，于是这周亚夫就跟他爹周勃当年一样，成了周丞相。但做了丞相之后，他的麻烦也就来了。

后一个部分写的就是他一连串的麻烦。

首先和周亚夫作对的是梁王。因为七国之乱时，先是梁王恳请，后来是景帝下诏，让他出兵救一下梁国，他则考虑到全局，坚持按兵不动，结果和梁王结下了梁子。七国之乱平定后，他做了丞相，又得罪了外戚们。像王皇后的哥哥王信想封个侯，托窦太后在皇上那里打个招呼，结果却被周亚夫以不合汉高祖定下的规矩为由，断然拒绝。再后来，就有了那个著名的一双筷子引发的悲剧。

说是条侯周亚夫被免除丞相职位后，景帝表面上还是给他面子的。有一回招退居二线的条侯进宫，请他参加宴会，但是就给了块大肉，还没有切好的，也不放一双筷子。这条侯就很不高兴，就望着主桌，嚷着要拿筷子。汉景帝看到了，笑着说："此不足君所乎？"意思是这筷子您哪儿不够用吗？可见周亚夫跟前没放一双筷子的事，不是景帝故意安排的，而是服务员疏忽了。周亚夫一听，皇帝这么说话，赶紧脱帽子道歉。而饭局刚结束，皇上才起身，这周亚夫就匆匆离去了。汉景帝望着他的背影，说："这么容易情绪失落的人，可不是能辅佐未来天子的大臣啊！"

　　顺便说一下，筷子的使用在我国源远流长。20 世纪 90 年代，在江苏高邮龙虬庄遗址，出土了用动物骨头打磨而成的骨头筷子，距今有七千到五千年左右，是现已发现的人类最早使用的筷子实物。[1] 而在《绛侯周勃世家》之前的《史记》篇章里，也不止一次出现过筷子。比如《宋微子世家》，说商纣王开始用"象箸"，象箸就是象牙做的筷子。20 世纪 30 年代，在河南安阳殷墟侯家庄，考古发掘曾出土过三双六根青铜筷子，[2] 可见筷子在商朝不仅十分流行，而且材质众多。西汉前期的筷子，想来不是竹制的，就是木制的。但面对一块没切开的大肉，军将出身的周亚夫，首先想到的是要一双筷子，而不是跟当年鸿门宴上的樊哙似的，豪放地要把切肉的刀剑，这说明此时的周前丞相身上，军人的血性确乎已经淡了，留下的只有为人的傲气，他更像一个典型的文官了。

　　周亚夫的下场比他爹周勃更惨。因为他儿子私自买了些兵器，打算用来陪葬，被人告发，牵连到他，因此下狱。而那罪名竟然是莫须有的。当时的办案人员为了定他的罪，居然跟他说："君侯纵不反地上，即欲反地下耳。"意思是你条侯即使没有在地上谋反，也是想要在地下造反。气得周亚夫五天没有吃饭，还吐了血，果然如算命先生所言，饿死了。

对于周勃和周亚夫两代功臣，司马迁在《绛侯周勃世家》最后的"太史公曰"部分，评价是有所区别的。他对周勃的评价非常高，认为即使是商朝名臣伊尹和周朝的周公旦也没法超过他，因为在特殊的时期，周勃为国家解除了危难。而对周亚夫，司马迁只是把他比作春秋时期齐国的著名军将司马穰苴。《史记》有一篇《司马穰苴列传》，开篇就写了一个司马将军为严明军纪，而杀掉不遵守时间的高官的故事。这个故事跟《绛侯周勃世家》后半部分的周亚夫细柳营故事放在一起，的确有前后相映的意味。不过，司马迁对周亚夫的赞许也仅止于此。他接下来写的是亚夫"足己而不学，守节不逊，终以穷困。悲夫"，意思是：周亚夫过于自满，不读书，虽然知道守护个人的节操，但出言不逊，最后因此走投无路，太可悲了。这样的立论，其实是从跟周勃的比较中得出的，因为这周家父子两代人，从历史作用的角度上说，已经不是单纯的军人，而是整个西汉功臣集团的代表了。从这个意义上说，在西汉前期皇帝、诸王、外戚与功臣四方角逐的历史情境中，《史记》的三十世家，用这篇以个人悲剧性结局告终的《绛侯周勃世家》，作为功臣集团世家系列的终结篇章，真是意味深长。

司馬穰苴者，田完之苗裔也。齊景公時，晉伐阿、甄，而燕侵河上，齊師敗績。景公患之。晏嬰乃薦田穰苴曰：「穰苴雖田氏庶孽，然其人文能附眾，武能威敵，願君試之。」景公召穰苴，與語兵事，大說之，以為將軍，將兵扞燕晉之師。穰苴曰：「臣素卑賤，君擢之閭伍之中，加之大夫之上，士卒未附，百姓不信，人微權輕，願得君之寵臣，國之所尊，以監軍，乃可。」於是景公許之，使莊賈往。穰苴既辭，與莊賈約曰：「旦日日中會於軍門。」穰苴先馳至軍，立表下漏待賈。賈素驕貴，以為將己之軍而己為監，不甚急；親戚左右送之，留飲。日中而賈不至。穰苴則仆表決漏，入，行軍勒兵，申明約束。約束既定，夕時，莊賈乃至。穰苴曰：「何後期為？」賈謝曰：「不佞大夫親戚送之，故留。」穰苴曰：「將受命之日則忘其家，臨軍約束則忘其親，援枹鼓之急則忘其身。今敵國深侵，邦內騷動，士卒暴露於境，君寢不安席，食不甘味，百姓之命皆懸於君，何謂相送乎！」召軍正問曰：「軍法期而後至者云何？」對曰：「當斬。」莊賈懼，使人馳報景公，請救。既往，未及反，於是遂斬莊賈以徇三軍。三軍之士皆振慄。久之，景公遣使者持節赦賈，馳入軍中。穰苴曰：「將在軍，君令有所不受。」問軍正曰：「馳三軍法何？」正曰：「當斬。」使者大懼。穰苴曰：「君之使不可殺之。」乃斬其僕，車之左駙，馬之左驂，以徇三軍。遣使者還報，然後行。士卒次舍井竈飲食問疾醫藥，身自拊循之。悉取將軍之資糧享士卒，身與士卒平分糧食。最比其羸弱者，三日而後勒兵。病者皆求行，爭奮出為之赴戰。晉師聞之，為罷去。燕師聞之，度水而解。於是追擊之，遂取所亡封內故境而引兵歸。未至國，釋兵旅，解約束，誓盟而後入邑。景公與諸大夫郊迎，勞師成禮，然後反歸寢。既見穰苴，尊為大司馬。田氏日以益尊於齊。

已而大夫鮑氏、高、國之屬害之，譖於景公。景公退穰苴，苴發疾而死。田乞、田豹之徒由此怨高、國等。其後及田常殺簡公，盡滅高子、國子之族。至常曾孫和，因自立為齊威王，用兵行威，大放穰苴之法，而諸侯朝齊。

齊威王使大夫追論古者司馬兵法而附穰苴於其中，因號曰《司馬穰苴兵法》。

太史公曰：余讀《司馬兵法》，閎廓深遠，雖三代征伐，未能竟其義，如其文也，亦少襃矣。若夫穰苴區區為小國行師，何暇及《司馬兵法》之揖讓乎？世既多《司馬兵法》，以故不論，著穰苴之列傳焉。

索隱述贊　頗說兵法，軍禮肅穆。

影印南宋乾道年間刻本《史記》裏的《司馬穰苴列傳》（選自《中華再造善本》）

《梁孝王世家》:

僭越的代价

在讲《梁孝王世家》之前，我们先回顾一下，《陈涉世家》之后的这一部分《史记》的世家。

从结构上看，这一部分以《陈涉世家》为引子，第一出场的是《外戚世家》。《外戚世家》之后，是三篇同姓诸侯王世家——《楚元王世家》《荆燕世家》和《齐悼惠王世家》；然后是五篇一组的功臣世家，依次是《萧相国世家》《曹相国世家》《留侯世家》《陈丞相世家》和《绛侯周勃世家》；接下来，就是这一节我们要讲的《梁孝王世家》，和下一节我们要讲的《五宗世家》，以及因为不是司马迁所写，我们不单独讲的《三王世家》，这三篇也是同姓诸侯王世家。所以在《史记》三十世家的后半部分里，除了《陈涉世家》，其他的篇章其实是分为三组，分别描述西汉前期的外戚、功臣和同姓诸侯王，这三股以家族集团形式出现

243

梁孝王世家

梁孝王武者孝文皇帝子也而與孝景帝同母母竇
太后也孝文帝凡四男長子曰太子是為孝景帝次
子武次子參次子勝〔漢書勝作揖〕孝文帝即位二年以
武為代王以參為太原王以勝為梁王二歲徙代王為
淮陽王以代盡與太原王號曰代王參立十七年孝
文後二年卒謚為孝王子登嗣立是為代共王立二
十九年元光二年卒子義立是為代王十九年漢廣

一

明末刻本《史记》里的《梁孝王世家》卷端（华东师范大学图书馆藏）

的政治势力的相爱相争史。其中外戚部分篇幅最少，只有一篇；功臣部分稍多，有五篇；同姓诸侯王部分最多，有六篇。不过从人气的角度看，五篇功臣世家的主角，萧何、曹参、张良、陈平和周勃，都大名鼎鼎；而六篇同姓诸侯王世家的主人，名字却大都比较陌生。像《楚元王世家》里刘邦的同母小弟刘交，《荆燕世家》里说不清跟刘邦是啥关系的荆王刘贾和燕王刘泽，还有《齐悼惠王世家》里据说是刘邦早年跟一位相好生的庶出子刘肥等，不专门翻一下《史记》，你都不知道他们是谁。算下来，这些同姓诸侯王中间，相对而言还有点名气的，就只有我们要讲的这篇《梁孝王世家》里的梁王刘武了——刘武受封梁王，而《史记》篇名题为梁孝王，是因为他死后的谥号是"孝"。

《史记》的这篇《梁孝王世家》，整体上分为三个部分。第一部分和第二部分，分别记录了梁王刘武本人和他的五个儿子的事迹，这两个部分都是太史公写的；第三个部分是西汉学者褚少孙补写的，但记的仍然是梁王刘武的故事，当然还包括了这位褚先生发的一点感慨。

那么，梁王刘武是个怎样的人物呢？

《梁孝王世家》告诉我们，他是汉文帝四个儿子中的老二，初封为代王，再转封淮阳王，最后改做了梁王。比较特殊的是，他跟文帝的长子、后来成为汉景帝的刘启是同胞兄弟。两兄弟的母亲，都是大名鼎鼎的窦太后。

这刘家同胞两兄弟，关系还曾经非常好。好到什么程度呢？《梁孝王世家》说，刘武做了二十五年的诸侯王，那年再度入朝，见到皇帝哥哥，而当时这皇帝哥哥还没选定太子。一起喝酒时，就听皇帝哥哥金口一开，缓缓说道："等我千秋万岁之后，这皇上的位子，就传给梁王你啊。"梁王知道这话不能当真，口头上也赶紧推辞致谢，但心里终究是高兴的。窦太后得知自己的两个宝贝儿子如此团结，当然也高兴啦。

梁王名声大振，是在跟景帝哥哥喝了那顿酒之后不久，汉王朝爆发七国之乱的时候。

所谓七国之乱，是指景帝三年的春天，汉朝东部的七个诸侯国，联合反叛中央政府的军事行动。七国是吴、楚、赵、济南、淄川、胶西、胶东七个刘姓诸侯国，而挑头的是吴王刘濞。之所以会闹出这么大的动静，是因为这七个同姓诸侯王，都无法接受景帝身边高参晁错提出的削弱藩国的建议，所以就借了一个"清君侧"（也就是清除皇上身边的小人的名义）公开叛乱。具体的过程，大家可以看看《史记》的列传部分里的两个篇章，《袁盎晁错列传》和《吴王濞列传》。

因为说到七国之乱，顺便也纠正一个至今还在网上流行的错误说法。就是说俗语"乱七八糟"四个字的出典，其中的"乱七"是指西汉的这次七国之乱；而"八糟"是指东晋的八王之乱。这样毫无文献学常识、不顾古汉语特点的解释，真称得上是胡说八道。有关的考证和批驳，可以看著名编辑金文明先生写的一篇文章，正标题叫《不要给俗语乱编出典》。[1]

七国之乱爆发的时候，同姓诸侯王中虽然响应吴楚一方的并不多，但明确表示支持中央的也很少。而梁王刘武是一开始就坚定地站在中央也就是他皇帝哥哥一边的。这对吴楚一方而言，是个绝大的麻烦，因为他们要向西进军，要么经过梁国的领地，要么就得跟周亚夫率领的中央军干。在周亚夫坚持不应战，也不让吴楚前进的情形下，吴楚一方只好先猛攻梁国，杀了几万人。梁孝王则坚守睢阳，派了手下的韩安国、张羽等为大将军，出兵跟吴楚相抗。叛军最后只能以梁为限，无法越境向西，在跟周亚夫等率领的中央军部队死扛了三个月后，最终以失败告终。按照《梁孝王世家》的记载，梁王一方"所破杀虏略与汉中分"，也就是梁国所击破、杀死和俘虏的叛军数量，竟然和中央军干掉的是一样地多！

梁王刘武在七国之乱时有如此出色的表现，自然跟他和景帝的同胞情谊不无关联。但同时应当指出，刘邦建立的汉朝，在地方制度架构上是郡县制和分封制的混合物，汉初全国分五十七个郡，其中诸侯王国领郡多达四十二个，占了总数的七成还多，中央政府管辖的郡只有十五个，连三成还不到。[2] 从刘邦、吕后经文帝到景帝，虽然异姓诸侯王已经几乎全部被同姓诸侯王取代了，但枝繁叶茂的同姓诸侯王们，与中央政府在实际控制地盘上所占比重悬殊的局面，到七国之乱爆发前，并没有根本性的改变。更有意思的是，据一些研究者考证，汉景帝总共有十四个儿子，由于朝廷实际控制的郡数太少，到晁错的削藩措施实施前，除了太子之外，只有六个儿子有封地，其他七个还没着落。因此，梁孝王在七国之乱时的奋勇抗击，换一个角度看，也是在为侄儿们争地盘。然而他似乎没有想到的是，他帮侄儿们争抢来的地盘，本属于他的叔叔伯伯辈的吴王刘濞们；那么，会不会有一天，他梁王自己的地盘，也会被这些叫他叔叔的亲侄儿们夺走呢？

无论如何，梁王既然在如此关键的问题上帮了皇帝哥哥，景帝当然得有所回报。从《梁孝王世家》看，这回报分为两个方面。一是梁国的封地前所未有地大，还都是天下最肥沃的地方。按照《梁孝王世家》的记录，当时的梁国，"地北界泰山，西至高阳，四十馀城，皆多大县"。有兴趣进一步了解的读者，可以看看复旦大学历史地理研究中心的马孟龙博士的一篇论文《西汉梁国封域变迁研究》。[3]

另一方面，尽管在七国之乱平息后不久，汉景帝就立了太子，但跟梁王的关系依然是最亲的。《梁孝王世家》记录的是："王入则侍景帝同辇，出则同车游猎，射禽兽上林中。梁之侍中、郎、谒者著籍引出入天子殿门，与汉宦官无异。"翻译成现代汉语，就是大王弟弟跟着当皇帝的哥哥，进宫门同坐一顶轿子，出宫门同乘一辆专车，一起去旅游打猎，在上林苑射杀飞禽走兽；连梁国来的大王秘书、警卫员和助理等都只要在门卫那里签个名，就可以顺利进出天子活动的皇宫大门，跟朝廷官员没啥区别。

汉景帝、梁孝王这情同基友的两兄弟亲密关系发生变化，是从汉景帝废除第一任太子栗太子时开始的。

据《梁孝王世家》说，开始是他俩的妈窦太后瞎操心，心想太子空缺了，我小儿子接着大儿子做皇帝的机会又来了哎。没想到，景帝身边的大臣，尤其是袁盎等人，已经给皇帝打了预防针了，窦太后的美好心愿终究化为泡影，而景帝再也不提让梁王接班这档子事了。梁王呢，只好打道回府。

之后是梁王自作自受。因为听说景帝又立了胶东王刘彻为太子，他心里不平衡，就把气撒在当初在景帝跟前挡了他上升之路的袁盎以及一班大臣身上，让下面的派人暗杀袁盎等大臣。谋杀中央领导班子成员，这还了得！事情被景帝觉了，就批示一查到底。结果梁王只能让手下的两个涉事的爱将自杀，还通过姐姐的关系，到窦太后那里赔不是，才算及时止损。不过皇帝哥哥那里，疙瘩是结下了。

再后来是梁王听了下面人出的一个馊主意，让景帝和太后都虚惊一场。说是这边汉景帝刚刚生完气，梁王就上奏说要去京城拜见。他还听一个手下的建议，跟皇帝玩起了捉迷藏，进了函谷关以后，自己乘着布帘子遮着的车，只带了两个骑马的随从，悄悄地躲进了姐姐长公主的花园里。这边景帝派人去迎候梁王，就看到梁王的车队都还在关外，却找不到梁王本人了。搞得窦太后当场就哭喊："皇帝杀了我儿子！"把景帝吓坏了。这梁王可倒好，自己带着死刑刑具斧头和砧板，跑到了宫门口趴着，向太后、皇上谢罪。一看人还在，太后和景帝都喜出望外，破涕为笑。不过景帝回过神来，一定是在心里给这脑残的梁王点了一万个叉叉叉，所以从此以后，再也不跟他坐同一辆车，乘同一顶轿了。

在《梁孝王世家》第一部分的最后，写了梁王的归宿，其中充满了诡异的气氛。说是因失宠而最后一次进京的梁王，给皇帝哥哥打了报告，想留在首都安度晚年，但没被批准。回到梁国后，一直快快不乐。有一次出门打猎，在一个叫良山的地方，有人献给他一头牛。而那头牛呢，其实是个牛脚长在牛背上的怪物。梁王觉得这是个不祥的预兆。果然，到了这年的六月，他就发高烧死了。给《史记》作注释的唐代学者司马贞引用前人的说法，说良山那个良字，指的就是梁王的梁；牛脚本应该长在身体下面，现在反长在牛背上，是隐喻梁王背着朝廷，犯上作乱。而算干支，牛又属丑，丑月就是六月。

这样的解释当然是有许多附会的成分。不过《梁孝王世家》在紧接着的第二部分里，却没有附会，写的是"分梁为五国"，也就是把梁王生前苦心经营的梁国，一分为五。虽然分国的得益者就是梁王刘武的五个儿子，但作为景帝时代同姓诸侯国里最强大的独立王国，梁国的名号虽然还由梁武的大儿子梁买继承着，但梁国的实质，已经被肢解于无形了。

在《梁孝王世家》的第二部分结束的地方，司马迁对梁孝王凭借个人特殊的关系网，广罗财物，大建别墅，用车标准和衣服制度跟天子有得一拼，做了总结性的描述，并用了一个僭越的"僭"字，作为本篇"太史公曰"的终结。今天我们可以稍作补充的是，在中国传统社会里，帝王与同姓诸侯王之间的亲情，在任何情形下都敌不过帝王对于权力独占的贪欲，一旦地位略低的一方有任何的僭越之举，那么无论怎样曾经令人羡慕的亲情，最终都会变质为路人式的冷漠，乃至冤家间的仇恨。

今天，如果您有机会去河南省的永城市，不妨去一下位于城北三十公里的芒砀山脉，那里有全国重点文物保护

考古发现的河南永城芒砀山梁孝王刘武墓，内室已空无一物。（选自阎根齐主编《芒砀山西汉梁王墓地》，文物出版社，2001）

单位西汉梁王墓群，其中被命名为保安山一号墓和二号墓的，就是梁孝王刘武和夫人的陵墓。这两个以奇特的开山凿洞形式修建的连体墓室，不仅在墓葬规制方面不同于西汉普通的诸侯王陵，更让人感慨万千的是，曾经用每块重达一吨的方条石垒起来的护墓措施，并没有阻挡住盗墓贼的频频光顾，现在梁王墓内几乎空无一物。而据文献记载，最早盗掘梁孝王墓的，就是汉末三国时期大名鼎鼎的曹操。据说当年曹操派专门的盗墓军人掘开梁孝王墓，从墓里搬出来的金银宝贝，竟高达数万斤。[4]

对比《史记》的《梁孝王世家》里所记，比如说窦太后因为太爱自己的这个小儿子，"赏赐不可胜道"，也就是赏赐财物之多，说都说不过来；又比如说梁王生前"府库金钱且百巨万，珠玉宝器多于京师"；以及说直到梁王死了，家里藏的黄金还有四十多万斤。芒砀山里那空无一物的梁王墓室，真可以说是一种历史的报应。

《五宗世家》:
汉武帝的兄弟侄儿们，奇葩好多

上一节我们讲了《梁孝王世家》，这一节我们讲《五宗世家》。

《五宗世家》里写的，都是汉景帝的儿子和孙子，也就是汉武帝的兄弟和侄儿的事迹。为什么篇名要叫"五宗"呢？《五宗世家》的开头就说了，因为除了汉武帝刘彻，汉景帝还有十三个儿子。这十三位爷可都是封了王的，但他们不是同一个母亲生的，是景帝的五个姨太太所生，而"同母者为宗亲"，也就是同一个母亲生的，就是同宗亲属，所以这篇以汉景帝十三个儿子为主线的世家，就分为五支叙述，而篇名就题为《五宗世家》了。

《五宗世家》这个篇名，在古代就有学者表示异议。比

五宗世家

索隱曰景帝子十四人一武帝餘十三人為王漢書謂之景十三王此名五宗者十三人

為王其母五人同母者為宗也

孝景皇帝子凡十三人為王而母五人同母者為宗

親栗姬子曰榮德閼于 閼音遏濮書無干字 程姬子曰餘非端

賈夫人子曰彭祖勝唐姬子曰發王夫人兒姁子曰

越寄乘舜人名王皇后之妹也 姁音況又兒姁夫

河間獻王德以孝景帝前二年用皇子為河間王好

如清代乾嘉学派的代表人物之一王鸣盛，在《十七史商榷》里就说，《五宗世家》记的十三个人都是景帝的儿子，只是因为是五个母亲所生，就号为五宗，"殊属无理"。他还认为，《汉书》改为《景十三王传》是对的。[1]这是拿西汉以后以男性为主导的宗法制度去要求司马迁，而不了解西汉前期外戚势力强盛时的社会现实。近年有学者推测，《五宗世家》之所以用同姓王的母家来划分，可能是因为当时所依据的文献，是宗室属籍档案（打个不太恰当的比方，相当于是皇家户口本吧）。[2]在这类宫廷档案中，当时皇子和未出嫁的公主是落在以他们的生母也就是皇帝后妃为首的宗室户口本上的。西汉的宗室属籍档案，迄今没有发现过。不过《史记》中有一些以母系命名的皇子俗称，像上一节《梁孝王世家》里我们提到过的栗太子，就是因为他妈姓栗而得名；而湖北江陵张家山汉墓出土的《二年律令》中，有"李公主""荣公主"等称呼，据中国人民大学王子今教授考证，用的都是"外家姓"，也就是母系的姓。[3]因此，跟王鸣盛的看法恰恰相反，我们认为，虽然都是写汉景帝十三位封王的公子的事迹，《史记》本篇有所分别的篇题《五宗世家》，恐怕比《汉书》混为一谈的篇题《景十三王传》，更能反映西汉前期宫廷生活的实际状态，也更能显现当时同姓诸侯王与外戚之间的密切关联。

按照《五宗世家》的记载，汉景帝的五位姨太太，分别姓栗、程、贾、唐、王。大姨太栗姬生了三个儿子，刘荣、刘德和刘阏于。二姨太程姬不示弱，也生了三个，刘馀、刘非和刘端。三姨太贾夫人少一点，只生了两个，刘彭祖和刘胜。四姨太唐姬本是二姨太程姬的丫环，因为程姬某次身体不方便，让她当临时替身，给景帝做贴身服务，所以只生了一个儿子，刘发。至于五姨太王夫人，因为是景帝王皇后的亲妹妹，后台最硬，生的儿子也最多，有四个，刘越、刘寄、刘乘和刘舜。

这十三位汉武帝刘彻的同父异母兄弟，在《五宗世家》里，都有如何的表现呢？

一句话，奇葩好多。

怎么个奇葩法呢？我们在栗、程、贾三位姨太太系统里，各举一位做例子。

栗姬一系，我们要举的是临江王刘荣。这位爷倒不是个坏人，就是有点贪小。给自己盖宫殿，居然占宗庙围墙的便宜。结果被皇帝发觉，就让到首都去一趟。才上车，车轴就断了。这兆头可不好，果然，到京后被纪检部门追问，这临江王刘荣被吓得自杀了。

相比之下，程姬一系的胶西王刘端，以奇葩而论，就比临江王刘荣，要出彩许多。

《五宗世家》写胶西王刘端，上来第一个评价，就是

"为人贼戾"，意思是这刘端为人残忍而暴虐。又说他天生阳痿，一近女色，就好几个月没法恢复。但这变态的家伙呢，找了个自己喜欢的年轻的男性，做他的贴身警卫，当时叫郎。而这个身份暧昧的警卫，不久就跟胶西王的后宫女性搞上了。这胶西王当然不干啦，就把这位他曾经心爱的郎，抓起来给杀了，连带着还杀了警卫的儿子和相好。不仅如此，这胶西王刘端还屡屡犯法，汉朝政府官员多次打报告要求清除这个败类，但汉武帝因为他是自己的兄弟，下不了手，而这刘端变本加厉，越来越放肆。有关部门只好再打报告，要求缩小他的封国。结果是封国缩减了大半，这刘端心里极度不高兴，就消极抵抗，不再给自己封国内的财产登记做账。府库坏了，粮仓漏了，财物腐败，数以万计，却根本不去收拾搬迁。还下令王国的官吏，不得去收租赋，把卫兵都撤了，宫门也给封了，自己就从仅开的一门出游，改名换姓，跑到其他郡国，玩起了微服私访。

《五宗世家》形容这位胶西王的阴毒，还补充说，他"彊足以距谏，智足以饰非"，意思是他的强悍足以拒绝任何劝谏，而他的智谋又足以掩饰自己过失。

大家知道，西汉前期的诸侯王国，辅佐诸侯王的王国相（丞相的相）和二千石官员，是中央政府派去的。他们去胶西王那里，按常规当然是依照朝廷的法令治理王国，而刘端就千方百计找他们的茬，告发到中央；实在找不到茬的，就用欺骗的方法，给他们下药，毒死他们。朝廷不明就里，就对那些被告发的王国相和二千石官员绳之以法。所以《五宗世家》说，胶西虽然只是个小国，而所杀害、中伤的二千石官员非常多。

而论奇葩，跟胶西王刘端有得一拼的，还有贾夫人一系的赵王刘彭祖。

《五宗世家》给这位王爷的基本评语是"为人巧佞卑谄，足恭而心刻深"，就是为人机巧奸诈，善于放低身段谄媚皇上，表面上对人足够恭敬，而内心其实非常阴险，是个典型的心机男。还说他"好法律，持诡辩以中人"，就是喜欢法律，经常运用诡辩术中伤他人。

他具体是怎么干的呢？

《五宗世家》里记的是，每回朝廷下派的王国相和二千石官员来到赵国，赵王彭祖就穿着普通的黑布衣服，不光亲自迎接，还亲自给二千石官员打扫房间。但紧接着，就设计了好多似是而非的事情，让这些朝廷命官往坑里跳，一旦获悉二千石官员有不小心说错的话，做了犯忌讳的事，就悄悄地记在自己的小黑本上。等二千石官员想要动真格治理王国的时候，就拿出小黑本上记的，要挟他们；如果碰到不听话的硬骨头，就给朝廷打小报告，告发他们，告发的时候，还经常添油加醋地污蔑这些外放官员作奸犯科，有经济问题。因此，这刘彭祖做了五十多年的赵王，这赵国的相和二千石官员，没有一位是能够做满两年的，总是做着做着，就因为犯罪而被革职离任了，罪大的，结局就是死；罪小的，就被判刑。所以去赵国的二千石官员，没有人敢在那里真正依法治国。而赵王则独霸权力，派专人到各下属的县做起了生意，所获得的收入，竟比王国常规的租税还要多。因此，赵王家里金钱多多。不过他也留不下什么，因为家里养了好多姨太太，子孙又多，手一松，就都出去了。

据《五宗世家》说，赵王还"不好治宫室、禨祥，好为吏事"，就是不喜欢给自己建个别墅，弄个求神拜仙的事，而特别喜欢搞行政管理。他还曾经给朝廷打报告，说愿意管理王国的公共安全事务，防火防盗防小偷。这本来是好事，但这位奇葩的王爷常常深更半夜带着随从在邯郸城里晃悠，因为是个人都知道这刘彭祖实在是阴险异常，所以过往的使者和客人，都不敢留在赵国首都邯郸过夜。

最令人感慨的是，不光汉武帝的兄弟多奇葩，这些兄弟的儿子一辈里，也就是汉武帝的侄儿们中间，也颇多奇葩。

最典型的是程姬一系江都王刘非的儿子、小江都王刘建，和王夫人一系常山王刘舜的太子刘勃。

据《五宗世家》记载，小江都王刘建很早就看上了他爹老江都王刘非心爱的姨太太淖姬，等他爹死了，还没下葬，他就夜里派人把淖姬给接了过来，在服丧的屋子里就干上了。此外，据说他还无耻到跟自己的姐姐妹妹全都发生过关系，在淮南王谋反事情上又不干不净，朝廷大员因此建议逮捕他。汉武帝终究不忍心，只是派了个大臣去询问他。小江都王一看，事情都败露了，就自杀了。

常山王刘舜的太子刘勃，整个就是个缺心眼儿。他爹常山王刘舜才死了六天，他就待不住出了门，做了一系列匪夷所思、乌七八糟的事，像跟人通奸，喝酒赌博，玩打击乐，和女人驾车狂飙，绕城一圈，招摇过市，还顺便进监狱看望了几个囚犯。这下惊动了汉武帝，派专员来讯问刘勃，并要逮捕那些跟刘勃一起胡闹的作为证人。这刘勃可倒好，把这些证人都给藏了起来。朝廷官吏自然不买账，一心抓捕犯人。刘勃则狗急跳墙，居然派人袭击鞭打朝廷官吏，并擅自释放被羁押的嫌疑犯。有关方面本来的建议是判刘勃死刑，汉武帝又发慈悲心，不光没判他刑，还帮他开脱，说事情归根到底，是我这侄儿没有一位好老师。

那么，为什么汉武帝的兄弟和侄儿中间，会出如此多的奇葩呢？

除了生活太过优裕，另外一个重要的原因，就是从汉景帝到汉武帝时期，同姓诸侯王对于王国事务的控制权，被大幅度地削减了。

261

在《五宗世家》最后的"太史公曰"部分，司马迁说：汉高祖的时候，诸侯皆赋，可以自己委任内史以下的官员，汉王朝只给他们派一位丞相，加上一个黄金做的官印。诸侯们自己委任的官员，有御史、廷尉正、博士等，可以跟天子相比。自从吴楚七国之乱以后，五宗的同姓诸侯王，汉王朝给他们派二千石官员，他们的"丞相"也改叫"相"了，没有了金印，而只有银印了。诸侯们可以独享的只有租税，权力大部分被剥夺了。这之后诸侯中贫穷的，有的连马车也坐不起，只能乘牛车了。

而景帝和武帝之所以要大幅度地削减同姓诸侯王们对于王国事务的控制权，由中央政府出面，直接控制地方王国的方方面面，最根本的原因，就是要让汉朝走向一个由帝王一人独裁的新天地。

在奔向这样的新天地、新境界的时刻，原本守着自己的王国，自由自在的诸侯王们，除了跟中央派来的官员对着干，干不过就自己胡闹，还能做什么呢？

那有的读者朋友可能要问了，汉武帝的兄弟侄儿中间，就没有正常一点的，不奇葩的吗？

有的。在《五宗世家》开头的部分，讲大姨太栗姬一系，排名第一的河间献王刘德，就是一位不奇葩、不胡闹的学者型的诸侯王。

司马迁描写这位河间献王刘德的文字很短，只有两句话，一句是"好儒学，被服造次必于儒者"，就是说刘德喜欢儒家之学，穿衣服和行为举止都一定尊奉儒家的规矩；另一句是"山东诸儒多从之游"，那是指刘德的学术影响很大，东部地区的儒生有很多都拜他为师。顺便说一下，有关河间献王的学术经历和成就，《汉书》的《景十三王传》里有更详细的描写，可以补充《史记》叙事的不足。

不过，即便是如此地循规蹈矩，到了汉武帝时代，这河间献王也遇到了极为恐怖的现实。刘宋时给《史记》作注释的裴骃在《史记集解》一书里，曾引用他之前的古书，给我们讲了这样一个故事。说是汉武帝的时候，河间献王有一次上朝，被汉武帝问了五个方面的政策性问题，他都凭借他的学问，侃侃而谈，滔滔不绝。没想到汉武帝很不高兴，当面怼了河间献王，说："汤以七十里，文王百里，王其勉之。"意思是商汤从七十里的地盘发家，最后完胜夏桀；周文王从仅有百里的地盘出发，打败了商纣王。河间王，您努力啊！河间献王一听，就知道汉武帝的言外之意，是担心他有二心，想夺权，所以回到王国，就赶紧改弦易辙，天天狂喝美酒，猛听音乐，就这样才安然度过余生。

河间献王这个改弦易辙的故事，极富于象征意义。它象征着到汉武帝时代为止，西汉的同姓诸侯王们，在君权至上潮流中难以躲避的最后宿命。

在这样的底色下，您如果有机会再看看五十年前河北满城汉墓考古发掘出土的文物，一定会对西汉王朝中央集权过程中诸侯王们的生活日常，别有一番感觉。

位于今日河北保定满城区的中山靖王墓，是 1968 年发现的，它的墓主人，就是《五宗世家》里出现过的贾夫人一系的中山靖王刘胜，和《史记》里没有写到的刘胜的夫人窦绾。[4] 我小时候看过考古发现这个墓的纪录片，印象最深的，就是刘胜夫妇死后穿的，是用几千片玉片和上千克金丝制作的金缕玉衣。

《五宗世家》里写刘胜，说他"为人乐酒好内，有子枝属百二十馀人"，做了四十二年中山王后，死了。其中没有写的，是他们夫妇死后的陪葬品多达上万件，其中既有高雅庄严的错金铜博山炉，也有今天看来上不得台面的性自慰用具——"双连铜祖"。

顺便说一下，2019 年春，由中国国家博物馆和河北博物院主办的《汉世雄风——纪念满城汉墓考古发掘 50 周年特展》在中国国家博物馆举办，那三件著名的文物，金缕玉衣、错金铜博山炉和双连铜祖，都在展中。[5]

说《世家》（下）

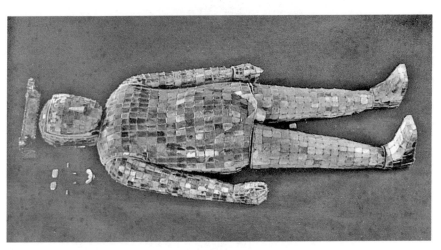

河北保定满城汉中山靖王墓里的金缕玉衣

河北保定满城汉中山靖王墓里的铜错金博山炉

注 释

第四卷　说《世家》（上）：
站远了看，他写的都是贵族

《吴太伯世家》：有一种风骨，叫谦谦君子

〔1〕唐兰《宜侯夨簋考释》，《考古学报》1956 年第 2 期。

〔2〕李学勤《宜侯夨簋与吴国》，《文物》1985 年第 7 期。

〔3〕周生春《吴越春秋辑校汇考》卷三《吴越春秋王僚使公子光
　　　传》，上海古籍出版社，1997 年。

《齐太公世家》和《鲁周公世家》：大户人家出山东

〔1〕参见王恩田《高青陈庄西周遗址与齐都营丘》，《管子学刊》
　　　2010 年第 3 期。北京大学李伯谦教授也持相同的看法，见《山
　　　东高青县陈庄西周遗址笔谈》李伯谦教授笔谈部分，《考古》
　　　2011 年第 2 期。

〔2〕如清人梁玉绳在考订《殷本纪》时即云:"《殷》《周》两纪及《齐世家》皆言西伯、吕尚阴谋修德行善以倾商。夫德非倾人之事,亦非阴谋所能为,若果如是,又何以为文公、大公?"见所著《史记志疑》卷二,第66页,中华书局标点本,1981年。

〔3〕宋人叶适《习学记言》怀疑此事非真,近人孙次舟《周公史迹之清理》径谓"奔楚则完全秦汉间人之妄说也"。叶说见《史记会注考证》卷三十三引;孙说及他家之说参见陈昌远《"周公奔楚"考》,《史学月刊》1985年第5期。

〔4〕徐中舒《殷周之际史迹之检讨》,《中央研究院历史语言研究所集刊》第七本第二分册,1936年。

《燕召公世家》:从陕西出发,北漂们的故事扑朔迷离

〔1〕见《史记会注考证》卷三十四考证及引《史记正义》文。

〔2〕这种因字形相近而造成的歧义,当然是比较晚出现的。周代金文中的"陕""郏"二字,跟后代的字形有颇大的差异,二者的区别,反而是相对容易的。

〔3〕参见杜廼松《克罍克盉铭文新释》,《故宫博物院院刊》1998年第1期。

《宋微子世家》:消亡的前朝,反思的后裔

〔1〕刘节《洪范疏证》,收入《古史辨》第五册,上海古籍出版社1982年影印本。

〔2〕参见赵俪生《〈洪范疏证〉驳议》,《齐鲁学刊》1993年第6期;又裘锡圭《燹公盨铭文考释》,《中国历史文物》2002年第6期。

〔3〕商丘附近发现东周宋国都城遗址的最初信息,见张长寿、张光直《河南商丘地区殷商文明调查发掘初步报告》第三部分,文

载《考古》1997 年第 4 期。有关该宋都遗址的进一步分析，见侯卫东《商丘区域考古研究述评》第二部分，文载《华夏考古》2016 年第 4 期。

《晋世家》（上）：当亲情遇上权力

〔1〕参见北京大学考古文博学院、山西省考古研究所《天马—曲村遗址北赵晋侯墓地第五次发掘》和《天马—曲村遗址北赵晋侯墓地第六次发掘》，分别刊载于《文物》1995 年第 7 期和 2001 年第 8 期。

〔2〕邹衡《晋国始封地考略》，收入所著《夏商周考古学论文集（续集）》，科学出版社，1998 年。

〔3〕参见邹衡《论早期晋都》，《文物》1994 年第 1 期。

〔4〕顾炎武著、黄汝成集释《日知录集释》卷三十一"唐"条，中华书局，2020 年。

《晋世家》（下）：君臣相伴，友谊的小船说翻就翻

〔1〕东汉以后，介之推的自焚，还发展出"寒食"的习俗，据说是因为神灵因介之推自焚而不再喜欢在他死的时节用火，所以后来造作出一个只能吃冷食的寒食节。

〔2〕关于《文侯之命》为周平王策命晋文侯的命书问题的考辨，参见顾颉刚、刘起釪《尚书校释译论》，第 2249—2256 页，中华书局，2018 年。

《楚世家》（上）：另一个角度说"中国"

〔1〕最早发表有关何尊铭文释读的是马承源先生，参见所撰《何尊铭文初释》，文载《文物》1976 年第 1 期。

〔2〕杨慎的说法，见载于《史记评林》卷四十第十三叶前半叶天头，明万历刻本。

《楚世家》（下）：曾侯乙家的编钟，原本在哪个国家敲

〔1〕参见湖北省博物馆、江陵纪南城考古工作站《楚纪南故城》，《文物》1980 年第 10 期。但近年也有学者根据更新的考古报告，认为纪南城只是战国中晚期的楚郢都，参见尹弘兵《楚都纪南城探析：基于考古与出土文献新资料的考察》，《历史地理研究》2019 年第 2 期。

〔2〕胡小石《寿春新出楚王鼎考释》，收入《胡小石论文集三编》，第 172—176 页，上海古籍出版社，1995 年。

〔3〕代表性的考古发现，如曾侯乙墓出土的楚王舍章镈钟。

〔4〕如龚维英《楚族氏舍考释》，《社会科学辑刊》1991 年第 4 期。

〔5〕亦见胡小石《寿春新出楚王鼎考释》。

〔6〕随县雷鼓墩一号墓考古发掘队《湖北随县曾侯乙墓发掘简报》，《文物》1979 年第 7 期。

〔7〕湖北省文物考古研究所、随州市博物馆《随州文峰塔 M1（曾侯与墓）、M2 发掘简报》，《江汉考古》2014 年第 4 期。

〔8〕参见李学勤《曾国之谜》，《光明日报》1978 年 10 月 4 日；石泉《古代曾国—随国地望初探》，《武汉大学学报》1979 年第 1 期。

《越王句践世家》：水光剑影里的江南贵族

〔1〕本节部分内容是据拙作《史记精读》（复旦大学出版社 2016 年第二版）中《越王句践世家》一章改写的。

〔2〕参见浙江省文物考古研究所、绍兴县文物保护管理局编著《印山越王陵》，文物出版社，2002 年。

〔3〕陈霆的说法，见《史记评林》卷四十一引。

〔4〕《吕思勉读史札记》甲帙"先秦"之部"古水战"条，上海古籍出版社，2020年。

〔5〕参见襄阳首届亦工亦农考古训练班《襄阳蔡坡12号墓出土吴王夫差剑等文物》、崔墨林《河南辉县发现吴王夫差铜剑》，二文均载《文物》1976年第11期。

〔6〕参见谭维四《奇宝渊源——越王勾践剑与吴王夫差矛琐记》，《文物天地》1986年第5期。

〔7〕参见《吴越青铜剑之谜破解》，《文汇报》2002年2月22日第7版。

《郑世家》：克段的郑伯，何以漏说了金句

〔1〕参见晁福林《论郑国的政治发展及其历史特征》，《南都学坛》1992年第3期。

〔2〕《左传》解释《春秋》"郑伯克段于鄢"用词，谓"称郑伯，讥失教也"。有关释意，参见杨伯峻《春秋左传注》（修订本）第15页，中华书局，2016年。

〔3〕参见史念海《郑韩故城溯源》，《中国历史地理论丛》1998年第4期。

赵、魏、韩三《世家》：史实之间，为什么要插一段虚构的故事

〔1〕藤田胜久《〈史记〉战国史料研究》，第270—306页，曹峰、广濑薰雄译，上海古籍出版社，2008年。

〔2〕最早将《赵氏孤儿》译成西方文字并传到欧洲的，是法国传教士马诺瑟，所译法文本收入杜赫德编、1735年出版的《中华帝国志》。

〔3〕清赵翼《陔余丛考》卷五"赵氏孤之妄"条，中华书局，1963年。

〔4〕《宫崎市定解读〈史记〉》第48页，马云超译，中信出版集团，2018年。

〔5〕马俊才、郝红星《河南新郑胡庄战国韩王陵考古发掘纪实：封土下的王侯》，《大众考古》2016年第6期。

《孔子世家》:《论语》里看不到的圣人事迹

〔1〕参见田继贤《是朱维铮"惊人"还是被惊者无知》，《中国青年报》2007年12月22日。

〔2〕王乐意、徐长青、杨军、管理《海昏侯刘贺墓出土孔子衣镜》，《南方文物》2016年第3期。

〔3〕除《荀子》之外，《尹文子》《孔子家语》也记载了孔子诛少正卯事。

〔4〕也有研究者认为，海昏侯墓出土的《论语》，尚不能简单地跟《齐论语》划等号，见朱凤瀚主编《海昏简牍初论》第九章《海昏竹书〈论语〉初论》（陈侃理撰），北京大学出版社，2020年。

〔5〕见崔述《洙泗考信录》卷三，商务印书馆排印本，1937年。

〔6〕李零《丧家狗——我读〈论语〉》，第2页，山西人民出版社，2007年。

第五卷　说《世家》（下）:
翻盘之后，别有一番模样

《陈涉世家》: 燕雀安知鸿鹄之志

〔1〕直到2020年12月8日，网上还有"历史领域达人"发表题为《秦法严峻真如陈胜、吴广所说，迟到了就是死罪？我们被骗了两千年》的文章。

〔2〕《秦简牍合集·壹·睡虎地秦墓简牍》,《徭律》简115,第671页,武汉大学出版社,2014年。

〔3〕唐刘知幾《史通》卷二《世家第五》,清浦起龙通释、王煦华整理本,第38页,上海古籍出版社,2009年。

〔4〕完整的《史记索隐》文字,见《史记会注考证》卷四十八引。

《外戚世家》:靠宫里姐妹上位的弟兄们

〔1〕曲柄睿《汉代宗室属籍档案与〈史记·五宗〉〈外戚〉两世家的编纂》,《档案学研究》2016年第5期。

《楚元王世家》:刘邦究竟算老几

〔1〕刘新光氏由此认为“汉高祖无字”,参见所撰《汉高祖名邦字季略说》,文载《史学月刊》1999年第4期。

〔2〕易平在所撰《法藏敦煌卷子本裴注〈史记·管蔡世家〉残卷重文研究——敦煌本与〈索隐〉本、景佑本〈史记〉传承关系考略》中有不同的看法,文载《敦煌学辑刊》2007年第3期。

萧、曹二相国《世家》:不创新的理由

〔1〕参见李仲操《八年吕不韦戈考》,《文物》1979年第12期。

〔2〕参见程念祺《“狱市”试释》,《浙江社会科学》2009年第10期。

《留侯世家》:他在圯桥下,捡了一只鞋

〔1〕《顾颉刚全集·顾颉刚读书笔记》卷七“仓海君与沧海郡”,中华书局,2011年。

〔2〕也有人认为,张良名字中的“良”指“王良”,房指“房宿”,

故字子房。见吉常宏、吉发涵《古人名字解诂》"张良"条，语
文出版社，2003 年。

〔3〕白化文《"圯上进履"解说》，《语文教学通讯》1980 年第 10 期。

〔4〕周寿昌的说法，见《史记会注考证》卷五十五引。

《陈丞相世家》：什么叫阴谋，何以称宰相

〔1〕如小军《西汉与匈奴间最初和亲缔约时间考述》即认为"所谓
高祖凭借陈平奇计脱出平城之围，乃复述刘敬之和亲策于冒顿
单于而脱出矣"。文载《中国边疆史地》2018 年第 1 期。

〔2〕见《汉书》卷四十《张陈王周传》陈平传中唐颜师古注"主
臣"语。

《绛侯周勃世家》：将军决战，岂止在沙场

〔1〕龙虬庄遗址考古队《龙虬庄：江淮东部新石器时代遗址发掘报
告》，第 347 页，科学出版社，1999 年。

〔2〕此商代青铜箸六根于 1934—1935 年出土于安阳殷墟侯家庄遗址
M1005 墓，现藏地不明。

《梁孝王世家》：僭越的代价

〔1〕金文明《不要给俗语乱编出典——读潘启雯〈"乱七八糟"的来
历〉》，《教师博览》2006 年第 7 期。

〔2〕参见周振鹤《西汉诸侯王国封域变迁考》，《中华文史论丛》
1982 年第 3、4 辑。

〔3〕马孟龙《西汉梁国封域变迁研究（附济阴郡）》，《史学月刊》
2013 年第 5 期。

〔4〕参见阎根齐主编《芒砀山西汉梁王墓地》第二、三章，第 12—

75 页，文物出版社，2001 年。

《五宗世家》：汉武帝的兄弟侄儿们，奇葩好多

〔1〕 王鸣盛《十七史商榷》卷四"五宗世家"条，第 45 页，中华书局，2013 年。

〔2〕 参见曲柄睿《汉代宗室属籍档案与〈史记·五宗〉〈外戚〉两世家的编纂》，《档案学研究》2016 年第 5 期。

〔3〕 王子今《张家山汉简秩律四"公主"说》，收入所著《古史性别研究丛稿》，社会科学文献出版社，2004 年。

〔4〕 参见中国科学院考古研究所满城发掘队《满城汉墓发掘纪要》，《考古》1972 年第 1 期；郑绍宗《满城汉墓：汉中山王陵的发现与探索》，《中国文化遗产》2014 年第 2 期。

〔5〕 参见王春法主编《汉世雄风——纪念满城汉墓考古发掘 50 周年特展》，北京时代华文书局，2019 年。

后　记

　　本书是"陈正宏讲《史记》"系列的第二种,讨论的是《史记》五体中的三十世家。书稿的基础,与第一种《时空:〈史记〉的本纪、表与书》一样,仍是喜马拉雅音频课的文字稿,但增加了《宋微子世家》《郑世家》《楚元王世家》《齐悼惠王世家》四节,当然对原音频文字稿各篇中已经发现的错误和不足,也做了必要的修订。

　　感谢中华书局继续接受拙作,责任编辑贾雪飞女士和但诚先生为本书的顺利出版付出了很多辛劳。此外,裴程、金菊园、史梦龙、高明、郭立暄、李开升、眭骏、马孟龙等先生和韩进、罗栖霞女士,上海图书馆、天一阁博物院、复旦大学图书馆、华东师范大学图书馆和法国国家图书馆等机构,在本书的编纂和修订过程中先后给予了各种帮助,高情雅意,铭感在心。值此拙作刊行之际,谨向上述个人和机构致以诚挚的谢意。

衷心希望本系列的新老读者不吝赐教，指瑕纠谬。来函请寄：200433 上海市杨浦区邯郸路 220 号复旦大学古籍整理研究所陈正宏收，也可以发送邮件至 chenzhh@fudan.edu.cn。

陈正宏

2021 年 3 月 8 日